Nina Ruhland

Allgäu mit Kids

52 spannende Ideen für Freizeit, Urlaub, Wochenende

J. BERG

Inhalt

Spiel, Spaß und Unterhaltung kommen im Allgäu nicht zu kurz.

KLEINWALSERTAL & TANNHEIMER TAL 158

Vorwort

Das Allgäu – es ist wie eine große Pralinenschachtel. Jeden Tag, wenn die Sonne im Osten über die Bergketten klettert, können Feriengäste sich neu entscheiden. Eine Wanderung im Tal mit Zwischenstopp am See? Ein Besuch in einem der bezaubernden Dörfer? Oder lieber hoch hinauf zu den höchsten Gipfeln, von denen die Welt da unten so winzig ausschaut?

Wonach Ihnen auch ist – das Allgäu hält bestimmt die passende Praline bereit. Für abenteuerlustige Kinder ebenso wie für erholungsbedürftige Eltern. Zwischen dem gebirgigen Oberallgäu im Süden und dem flachen Unterallgäu im Norden, zwischen den Hügeln des Westallgäus und den Seen im Osten erstreckt sich ein Outdoor-Paradies erster Klasse.

Das Schwäbische Bauernhofmuseum in Illerbeuren präsentiert Geschichte zum Anfassen.

Natürlich gibt es die Postkartenmotive, die das Allgäu berühmt gemacht haben: die Kühe mit Puschelohren und Klimper-Wimpern, die braun gebrannten Älpler, die hoch oben den Sommer mit dem Vieh verbringen, die Gipfel des Allgäuer Hauptkamms, die glasklaren Seen und die sanften Hügel, auf denen überall eine Alp zur Einkehr lockt. Es gibt diese authentischen Menschen, die ihre Tracht nicht nur zum Volksfest tragen und die sich – mal mehr, mal weniger – bemühen, Hochdeutsch mit ihren Gästen zu sprechen. Es gibt beeindruckende Königsschlösser und Kulturdenkmäler und Dörfer voller Schindelhäuser, deren Geranienpracht vor den Fenstern Zweifel an biologischen Gesetzen aufkommen lässt. All das ist das Allgäu. Und noch so viel mehr! Es ist eine Region, die die Seele berührt. Vielleicht zieht es deshalb alle, die einmal hier waren, immer wieder hierher. Vor allem aber ist das Allgäu eine Region, in der Familien willkommen sind. Hier können die Kinder noch unbeschwert im Wald spielen, ihre Grenzen testen, die Natur erfahren. Und so ganz nebenbei fürs Leben lernen. Dafür lautet die wichtigste Regel: Probiere unbedingt alle Pralinen in einer Schachtel!

Viel Spaß beim Entdecken und Erfühlen. Viel Spaß im Allgäu!

Auf geht es zu spannenden Entdeckungsreisen durch herrliche Landschaften.

Wissenswertes über das Allgäu

Klima und beste Reisezeit

Das Allgäu ist ganzjährig als Reiseziel beliebt, gibt es doch für jede Jahreszeit und jeden Freizeitanspruch eine passende Höhenlage. Während im Unter- und Westallgäu auch der Spätherbst noch warm und golden sein kann, fallen auf den Gipfeln von Ober- und Ostallgäu oftmals schon Ende September die ersten weißen Flocken. Die bleiben dann auch gerne einmal bis Juni liegen, weshalb Touren im Hochgebirge nur mit entsprechender Ausrüstung, Erfahrung und mit dem Wissen um die aktuellen Bedingungen zu empfehlen sind. In den Tälern und den mittleren Lagen aber ist dann bereits Sommer.

Im Schwäbischen Bauernhofmuseum wird Brot noch von Hand gebacken.

Was nicht verschwiegen werden darf: Das Allgäu ist im Winter so schneesicher, weil es hier viel Niederschlag gibt. Aber eben nicht nur im Winter, sondern auch im Sommer. Und wie es so ist in den Bergen, kommt die Regenwolke manchmal recht unverhofft über den Kamm gezogen. Darum sollte eine Regenjacke immer ihren Platz im Rucksack finden. Aber immerhin zieht auch an etwa 50 Tagen im Jahr der Föhnwind über das Allgäu, und der vertreibt die grauen Wolken im Handumdrehen. Sollten Sie doch mal festhängen an den steilen Hängen

Fremde Kulturen sind zu Gast in Eisenberg.

der Berge: kein Grund zum Trübsalblasen. Auch für Regentage hält die Region allerlei Sehenswertes bereit. Von Museen über Freizeitbäder bis zu Indoor-Spielplätzen und Kletterhallen.

Geografische Aufteilung

Das Allgäu und die Allgäuer Alpen. Das sind zwei Paar Schuhe. Wir haben für diesen Reiseführer beide angezogen. Denn die Tipps erstrecken sich sowohl über Unter-, West-, Ost- und Oberallgäu als auch über das Kleinwalsertal und das Tannheimer Tal. Die letzten beiden gehören nicht zum Allgäu (obwohl sie manchmal unter der Marke Allgäu großzügig eingemeindet werden), haben aber eben Anteile an den Allgäuer Alpen.

Streng definiert ist die geografische Aufteilung des Allgäus sowieso nicht. Immerhin gibt es aber drei recht deutliche Begrenzungen: im Süden den

Der Hopfensee mit seinen Badestellen am Ostufer und einem Campingplatz ist bestens für Familien geeignet.

Alpen-Hauptkamm, im Osten den Lech, im Westen den Bodensee. Dazwischen finden Urlauber, denen der Sinn nach Draußensein steht, ein absolutes Paradies.

Unterkünfte

Im Allgäu gibt es jede Menge Übernachtungsmöglichkeiten: vom Campingplatz über die Jugendherberge, familiär geführte Pensionen, Ferienwohnungen oder den Bauernhof bis hin zu guten Hotels. Es gibt auch einige extra ausgewiesene Familienhotels, die sich auf die Bedürfnisse von kleinen und großen Kindern spezialisiert haben. Oftmals werden Kinderbetreuung, ein Aktivprogramm (natürlich mit vielen Outdoor-Unternehmungen) und Spielmöglichkeiten angeboten.

Diese hübschen Vierbeiner begegnen euch beim Wandern fast überall.

Oben: Im Kleinwalsertal wird das Murmeltier Burmi genannt.

Auch viele Campingplätze sind perfekt auf Familien vorbereitet, etwa der Campingplatz am Hopfensee. Der bietet nicht nur direkten Zugang zum See, sondern auch ein Spielhaus, Kindergarten, Jugendraum, ein Kino und einen Bolzplatz. Dort können sich die Kids austoben, während die Eltern im Hallenbad oder in der Sauna entspannen (www.camping-hopfensee.de).
Ebenfalls an einem See gelegen, in diesem Fall aber am Grüntensee, liegt der Campingplatz Grüntensee. Es gibt besondere Angebote

für Familien, einen großen Spielplatz und auch einen Jugendraum (www.camping-gruentensee.de).

Eltern, die mutig genug sind, auch noch Wochen nach dem Urlaub vom Nachwuchs die quengelnde Frage zu hören, wann denn bitte endlich eine Kuh zu Hause einzieht, sind auf einem Ferienbauernhof bestens aufgehoben. Hier können die Kinder im Heu schlafen, beim Melken zusehen, beim Versorgen der Tiere helfen oder auf dem Traktor mitfahren. Einige Höfe haben sich als »Kinderbauernhöfe« auf Familien spezialisiert. Eine Übersicht gibt es im Internet unter www.allgaeu-urlaubaufdembauernhof.de.

PACKLISTE WANDERRUCKSACK TAGESTOUR (1)

Auch kleine Kinder tragen schon mit Stolz ihren eigenen Rucksack. Der sollte aber nicht mehr als eine Trinkflasche enthalten. Das große Gepäck schultern die Eltern. Darin sollte stecken:

- **T-Shirt zum Wechseln** (wenn man von der Anstrengung nass geschwitzt ist, kühlt man schnell aus)
- **warme Jacke oder Fleece** (willkommen bei der Gipfelrast)
- **Mütze oder Stirnband** (denn auf den Bergen pfeift oft ein kühler Wind)
- **Regenjacke** (auch wenn beim Abmarsch die Sonne lacht)
- **ausreichend Flüssigkeit** (für eine Ganztagestour mindestens 1,5 Liter pro Person)

siehe Fortsetzung Seite 16

Ein ganz besonderes Erlebnis ist eine Übernachtung auf einer der zahlreichen Berghütten. Eine Nacht im Matratzenlager, der Sonnenaufgang am Gipfel – das sind Erlebnisse, die auch bei kleinen Gipfelstürmern zu unvergesslichen Erinnerungen werden. Für Hütten gilt ebenso wie für andere Unterkünfte: unbedingt rechtzeitig reservieren!

Hinkommen und von A nach B gelangen

Das Allgäu ist sowohl mit dem Auto als auch mit dem Zug und über den Flughafen Memmingen (der oftmals als München-West vermarktet wird, obwohl er satte 110 Kilometer von der bayerischen Landeshauptstadt entfernt liegt) zu erreichen.
Die meisten Ausgangsorte für die Tipps in diesem Buch sind auch mit den öffentlichen Verkehrsmitteln zugänglich, denn im Allgäu gibt es vie-

lerorts ein gut ausgebautes Netz an Zug- und Busverbindungen. Neben den Zügen der Deutschen Bahn verkehrt auch die Länderbahn »alex«. Die aktuellen Fahrpläne findet man unter www.alex.info.

Mit dem eigenen Auto ist die Reise durchs Allgäu noch flexibler und bequemer. An den großen Touristenattraktionen sind ausreichend Parkplätze vorhanden. Eine gute Alternative, um innerhalb der Region herumzukommen, ist das Fahrrad. Radwege gibt es reichlich, allerdings muss mehr Zeit eingeplant werden, weil es schon auf dem Weg zum Ziel jede Menge zu erkunden gibt. Wer nicht sein eigenes Fahrrad mitbringen will, kann sich vielerorts Räder ausleihen. Auch auf Familien sind die Radstationen eingestellt und bieten oftmals Kinderräder oder -anhänger an.

Beliebt sind im Allgäu auch kombinierte »Bike & Hike«-Touren. Da die Täler tief eingeschnitten sind, fahren viele Wanderer mit dem Rad bis zum Talschluss und starten dort ihre Tour. So ersparen sie sich am Ende den langen Fußmarsch und können bequem mit dem Radl nach Hause rollen.

Und was entdeckst du heute?

Oben: Ritter und Burgfräulein erobern die Burg.

PACKLISTE WANDER-RUCKSACK TAGESTOUR (2)

- **Marschverpflegung** (Riegel, geschmierte Brote, Weingummi, Schokolade, Obst)
- **Stirnlampe** (falls Sie von der Dunkelheit überrascht werden)
- **Erste-Hilfe-Set**
- **aufgeladenes Handy** (an den meisten Orten gibt es Empfang)
- **eine genaue Wanderkarte** (möglichst im Maßstab 1:25 000)

PACKLISTE WANDER-RUCKSACK TAGESTOUR (3)

- **Sonnenschutz** (für den Kopf, aber auch Sonnenbrille)
- **Sonnencreme** (Faktor 50 ist für Kinder in den Bergen ideal)
- **Stöcke** geben zusätzliche Sicherheit und entlasten vor allem im Abstieg die Gelenke. Ganz kleine Kinder können mit ihnen oft nichts anfangen und albern mit ihnen rum, was im Gebirge schnell gefährlich werden kann.
- **Kleinkinder sind gut in einer Kraxe aufgehoben,** wenn die kleinen Beine nicht mehr weiterlaufen wollen. An einigen Bergbahnstationen (z. B. Fellhorn, Kanzelwand, Nebelhorn, Söllereck) können Kraxen gegen Vorlage eines Ausweises sogar kostenlos ausgeliehen werden. Auch einige Bergsportläden bieten diesen Service an.

Wandern

Es ist die wohl beliebteste Aktivität im Allgäu: das Wandern. Die dicken Schuhe schnüren, den Rucksack schultern und die vielen kleinen und großen Dinge am Wegesrand entdecken – herrlich! Allerdings sollten Sie sich vor jeder Wandertour ausführlich informieren: Sind Gelände und Dauer für Kinder geeignet? Gibt es Einkehrmöglichkeiten, die auch geöffnet sind? Gerade am Anfang und Ende der Saison kann man vor verschlossenen Hüttentüren stehen. Ist das Wetter stabil? Sind alle fit?

Geben Sie Ihrem Vermieter oder Bekannten Bescheid, auf welcher Tour Sie sind und wann Sie in etwa zurück sein wollen. Sollte etwas passieren, wissen die Rettungskräfte, wo sie mit der Suche beginnen sollten. Es ist übrigens eine Mär, dass man mit Kindern nur auf Forststraßen und einfachen Wegen durch endlose Fichtenwälder gut aufgehoben ist. Die Wege mögen im klassischen Sinne leicht sein, jedoch sind sie auch ganz leicht langweilig. Solche Märsche finden Kinder in rasender Geschwindigkeit eintönig. Zu Recht! Gibt es hier doch wenig zu entdecken, kaum Raum zum Spielen. Darum sind Touren zu Klammen oder ins Gebirge (ggf. kombiniert mit

Bunter Almabtrieb mit viel Geläut und festlich geschmückten Kühen.

Seilbahnfahrten) deutlich empfehlenswerter. Und viele Eltern werden feststellen, dass ihre bergunerfahrenen Kinder viel trittsicherer und mutiger sind, als sie dachten. Apropos Trittsicherheit: Immer wieder ein Thema ist das Schuhwerk für Kinder. Wenn Sie ausgedehnte Wanderungen oder Touren im Gebirge machen wollen, dann lohnt sich die Investition in Kinderwanderschuhe. Wer nur im Tal unterwegs sein möchte, für dessen Kids reichen gute Turnschuhe mit Profilsohle.

Ein Blick auf das Westallgäu aus der Vogelperspektive

UNTERALLGÄU & WESTALLGÄU

Die schönsten Seen und Schwimmbäder

In den Regionen Unterallgäu und Westallgäu warten allerlei schöne Badeseen auf kleine Nixen und große Wasserratten. Etwa der

Der idyllische Schachenweiher lädt am Westufer mit einer schönen Liegewiese ein.

Rothdachweiher in der Gemeinde Babenhausen. Der alte Baggersee ist herrlich eingewachsen, am Ostufer befinden sich ein Kiosk und Sanitäranlagen. Wer genug hat vom Faulsein, kann sich auf dem Beachvolleyballplatz und dem Fußballplatz austoben.

Das **Schachenbad** bei Ottobeuren ist ein dreieckiger, künstlich angelegter Weiher, an dessen Westufer sich eine Liegewiese mit Umkleiden befindet. Das Ufer fällt hier sehr flach ab, darum gerade für Kinder ideal.

Etwas mehr Action gibt's im **Naturfreibad Bad Clevers** in Bad Grönenbach mit Kiosk, Badeinsel, Sprungturm, Kinderbecken, Spielgeräten und angrenzender Minigolfanlage. Bei Wassertemperaturen von 20 bis 24 Grad lässt es sich gut einen ganzen Tag aushalten.

Südsee klingt nach Tropen, ist aber in Mindelheim. Der Baggersee liegt nah der Autobahn-Anschlussstelle und ist daher eher für eine kurze Erfrischung als für einen langen Badetag geeignet.

Wunderschön und nah an der Stadt liegt der **Waldsee** in Lindenberg.

Er ist einer der höchst gelegenen deutschen Moorseen. Schon ab 5 Uhr morgens kann man in das kostenfreie Bad. Neben zwei Ruhezonen (Liegewiesen) finden Besucher am Waldsee eine Aktivzone mit Beachvolleyballplatz und Rasenspielfeld sowie Tischtennisplatten. Und die Kleinen tummeln sich gerne auf den Schaukeln, Klettergerüsten oder dem Piratenschiff.

Etwa fünf Kilometer westlich von Leutkirch befindet sich der **Ellerazhofer Weiher**. Baden darf man hier allerdings nur als Gast des kleinen Campingplatzes. Der ist auch gut für Familien geeignet, und so kann man zwischendurch im Wasser, das von Wiesen umgeben ist, in Ruhe abtauchen, während die Kids sich auf dem Spielplatz vergnügen.

Sehr schön ist auch der **Badsee** bei Beuren in der Nähe von Isny. Da er relativ flach ist, wärmt er sich schnell auf und ist für Kinder bestens geeignet. Am Ufer gibt's einen Surf- und Tretbootverleih. Auch ein Campingplatz ist vorhanden.

Der recht flache Badsee eignet sich wundervoll zum Surfen und Tretbootfahren.

Oben: Der Waldsee, höchst gelegener deutscher Moorsee, erwärmt sich im Sommer sehr schnell.

1 Buchenegger Wasserfälle

Rundwanderung zu einem erfrischend-schönen Badeplatz

Ihren Spitznamen »ältestes Erlebnisbad Deutschlands« tragen die wilden Buchenegger Wasserfälle zu Recht. Eine Rundtour führt von Oberstaufen aus zu dem Naturerlebnis.

Beeindruckendes Naturschauspiel, besonders nach der Schneeschmelze – die Buchenegger Wasserfälle

Danke, liebe Weißach, vielen Dank! In Millionen Jahren hat sich der Fluss tief in die Sandsteinschichten gegraben und so im Nagelfluh die Buchenegger Wasserfälle geschaffen. Und weil die wirklich herrlich sind, kann man schon Mal einen Dank vorab loswerden. Zwischen Steibis und Buchenegg gelegen, sind die Wasserfälle und ihre Gumpen ein Paradies zum Steinchen-springen-Lassen und Plantschen. Die Wanderung zu ihren Füßen beginnt in Oberstaufen am Bahnhof. Von hier geht es in Richtung Bad Rain zunächst bergab in die Talsenke und dann wieder hinauf zu den Hochflächen von Ifen und weiter zur Ortschaft

Ausgangs-/Endpunkt: Bahnhof Oberstaufen
Anfahrt: Auf der B 308 bis Oberstaufen, Abfahrt Zentrum/Bahnhof
Ausrüstung: Auch wenn es sich um einen einfachen Weg handelt – Wanderschuhe sind auch hier die beste Wahl; zudem natürlich Schwimmzeug und Sonnenschutz.
Einkehr: Bergwirtschaft Vordere Fluh, Am Gemsholz 4, Oberstaufen-Steibis
Information: Oberstaufen Tourismus, Hugo-von-Königsegg-Str. 8, 87534 Oberstaufen, Tel. 08386/930 00, www.oberstaufen.de

Macht richtig Spaß: Plantschen am und im Wasser

Buchenegg. Es lohnt sich, hier einen kurzen Abstecher in die Buchenegger Kapelle zu machen, bevor man rechts in bald ansteigendem Gelände vorbei an zwei Höfen zum Parkplatz der BUCHENEGGER WASSERFÄLLE wandert. Nun geht es scharf rechts und über ein Feld zum Waldrand. Jetzt wird der Weg deutlich steiler und schmaler, kleine Kinder sollten hier an die Hand genommen werden, und auch gutes Schuhwerk kann an dieser Stelle – vor allem nach Regentagen – nicht schaden. Bald steht man unten in der Weißachschlucht am Steg unterhalb der Wasserfälle. Nun heißt es baden und plantschen, was das Zeug hält.

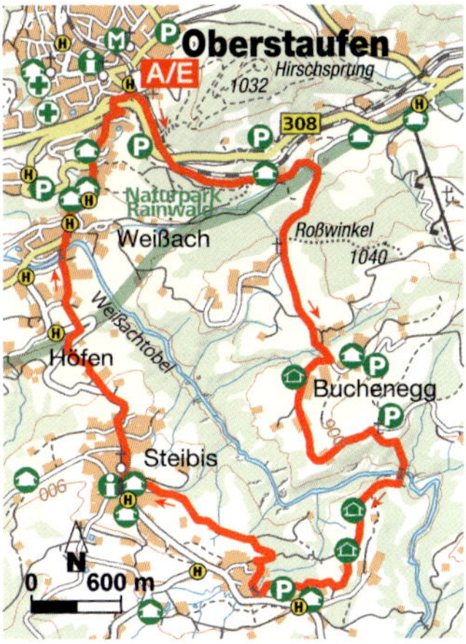

Buchenegger Wasserfälle – lohnendes Wanderziel im Naturpark Nagelfluhkette

DAS BLAUE HAUS

Zurück in Oberstaufen lohnt ein Abstecher zum Blauen Haus. Darin ist ein entzückendes Café untergebracht, die Gäste verteilen sich auf die einzelnen gemütlichen Zimmer. Der Käsekuchen ist klasse! Mittags gibt's zusätzliche Schmankerl für den kleinen Hunger.

Die einheimischen Jugendlichen hüpfen beim **GUMPENSPRINGEN** aus 17 Metern Höhe ins Nass. Das muss und sollte man ihnen nicht gleichtun. Aber ein Bad ist vor allem an heißen Sommertagen Pflichtprogramm. Dabei gilt es unbedingt auf eventuelle Strömungen zu achten. An einigen Stellen wird es auch überraschend tief. Nach dem Badespaß führt der Pfad auf der anderen Seite durch einen Wald, vorbei an einer Alpe weiter nach Steibis, ins Weißachtal, in die Mühlhalde und zurück nach Oberstaufen. Der Weg ist gut ausgezeichnet.

Unterwegs im Eistobel 2

Erdgeschichte zum Anfassen

Der Eistobel gilt als eines der schönsten Naturschutzgebiete Bayerns. Zu Recht! Auf der 3,5 Kilometer langen Wanderung erleben Besucher Millionen Jahre Erdgeschichte.

Rauschende Wasserfälle, gewaltige Felswände, reißende Strudellöcher: Im EISTOBEL bei Ebratshofen kommt das Element Wasser ganz schön in Fahrt. Vor rund 15 000 Jahren, nach Ende der letzten Eiszeit, bildete sich im Tal ein großer See mit dem SCHMELZWASSER DER GLETSCHER. Über die Jahre wurde aus der kleinen Abflussrinne eine große Schlucht – der Eistobel. Auf 3,5 Kilometern Länge stürzt sich der Fluss Obere Argen über Kaskaden ins Tal, vorbei an 130 Meter hohen Felshängen.

Erfrischender Badespaß für kleine Wasserratten

Ausgangs-/Endpunkt: Wanderparkplatz an der Argenbrücke, Parkplatz Schüttentobel
Anfahrt: B 12 Richtung Lindau bis Weitnau, abbiegen nach Siebratshofen (Richtung Oberstaufen) und nun immer rechts halten, nach Ebratshofen, Laubenberg und weiter Richtung Grünenbach; vor der Argenbrücke liegt links der kostenfreie Wanderparkplatz.
Öffnungszeiten: Der Eistobel ist ganzjährig täglich ab 9.30 Uhr geöffnet. Im Winter ist der Weg offiziell gesperrt, die Wege werden nicht gewartet und sollten daher nur mit Steigeisen begangen werden.
Preise: Erwachsene 2,50 €, Kinder 1 €
Einkehr: Zum Beispiel im Gasthof Adler, Riedholz, 88167 Maierhöfen, Tel. 08383/338
Information: Gästeamt Maierhöfen, Tel. 08383/980 40; Gästeinfo Grünenbach, 08383/92 99 81; Isny Marketing GmbH – Büro für Tourismus, Tel. 07562/97 56 30; www.eistobel.de

Lustiger Zeitvertreib mit spannendem Steineflitschen

Bei schönem Wetter ist man hier zwar nicht allein – Spaß macht's dennoch.

Der bei Familien beliebte Wanderweg beginnt am kostenlosen Parkplatz an der Argenbrücke. Von hier muss man immer nur den Ausschilderungen folgen. Die Informationstafeln erzählen die Geschichte des Tobels, der seinen eisigen Namen trägt, weil es hier im Winter so viele zu Eis erstarrte Wasserfälle gibt.
Zu Beginn wandert man zunächst an den jüngsten Gesteinsschichten entlang, aber etwa ab der Mitte der Strecke befindet man sich zwischen echten Methusalems der Erdgeschichte. Hier ist die Obere Meeresmolasse erkennbar, Ablagerungen eines Millionen Jahre alten Meeres. Stumme Zeugen dieser Zeit sind versteinerte Haifischzähne, die hier gefunden wurden. Da sich die Gesteinsschichten im Tobel schräg aufgestellt haben, können Besucher auf wenigen Kilometern durch einen geologischen Zeitraum von mehreren Millionen Jahren wandern. Am Wegesrand finden sich auch einige seltene Tier- und Pflanzenarten. Es geht vorbei an Wasserfällen, von denen der größte 18 Meter tief in eine Gumpe stürzt, und Strudellöchern. Hier ist das Baden verboten, die Strömungen sind oft nicht sichtbar, aber extrem stark. An den flachen Kiesbänken dürfen kleine und große Besucher dagegen ins Nass der Oberen Arge springen. Achtung: kalt!

HEY KIDS,
wisst ihr, was Tobel heißt? Es ist ein Dialektwort und bedeutet so viel wie Schlucht oder enges Tal.

Die Tour dauert etwa eineinhalb Stunden und endet am **SCHÜTTENTOBEL** (alternativ kann man auch an dieser Stelle loswandern, benötigt dann aber passendes Kleingeld, da der Automat am Eingang nicht wechselt). Von hier fährt der Bus (Linie Isny-Röthenbach) zurück zum Eingang an der Argentobelbrücke. Vorsicht ist nach oder an regnerischen Tagen geboten, dann können die Wege sehr rutschig sein.

3 Im Deutschen Hutmuseum

Tür auf, Hut ab!

Eine Reise durch 300 Jahre Hutgeschichte zum Anfassen und Aufsetzen gibt es im Hutmuseum in Lindenberg. Danach will man nie mehr »oben ohne«.

INTERNATIONALES KÄSE- UND GOURMETFEST

An einem Wochenende im August wird in Lindenberg im Westallgäu geschlemmt. Aus vielen europäischen Ländern kommen die Hersteller, bieten milden und würzigen Käse an. Überall wird gerochen und gekostet. Live-Musik spielt an vielen Orten in der Stadt und auch für Kinder wird einiges geboten. Termin und Infos: www.lindenberg.de.

Filzhut, Schlapphut, Strohhut, Schirmmütze, Panamahut, Trachtenhut – die Auswahl ist riesig. Auf über 1000 Quadratmetern zeigt das DEUTSCHE HUTMUSEUM, was Mann und Frau obenrum so getragen haben und noch immer tragen. Besucher erfahren Interessantes und Kurioses rund um die Welt der Kopfbedeckung. Im Fabrik-Kino dreht sich alles um das aufwendige HANDWERK DER HUTMACHER, im Huttornado gibt es Begegnungen mit berühmten Hutträgern (ja, natürlich ist auch Udo Lindenberg dabei). Dabei ist das Museum keines, in dem man staunend mit gebührendem

Ausgangs-/Endpunkt: Deutsches Hutmuseum Lindenberg
Anfahrt: Auf der B 308 bis Lindenberg, dann Richtung Zentrum und der Beschilderung Richtung Hutmuseum bis zum Museumsplatz 1 folgen
Öffnungszeiten: Di bis So 9.30–17 Uhr, aktuelle Änderungen siehe Homepage
Preise: Erwachsene 7 €, Kinder ab 6 Jahren 2 €, Kinder unter 6 Jahren frei, Familienpreis 15 €
Einkehr: Diverse Möglichkeiten in Lindenberg, z. B. Zum alten Bräuhaus, traditionelle Allgäuer-Küche, netter Biergarten, Hirschstraße 16, 88161 Lindenberg, Tel. 08381/16 93
Information: Deutsches Hutmuseum Lindenberg, Museumsplatz 1, 88161 Lindenberg, Tel. 08381/928 43 20, www.deutsches-hutmuseum.de

Gut behütet geht's durch das Hutmuseum.

Abstand vor den Exponaten steht, die sich hinter Glasscheiben verstecken. Hier darf mitgemacht, ausprobiert und aufgesetzt werden. Wie steht mir eigentlich der Cowboyhut?

Es ist kein Zufall, dass sich das Museum ausgerechnet an diesem Ort im kleinen Lindenberg befindet. Im denkmalgeschützten Industriegebäude der ehemaligen Hutfabrik von Ottmar Reich sind jahrzehntelang Hutträume Wirklichkeit geworden. Über vier Millionen Strohhüte pro Jahr wurden im 19. Jahrhundert in der Stadt produziert. In den goldenen Zeiten der Produktion standen hier Tausende Lindenberger Arbeiterinnen und

Arbeiter in Lohn und Brot und sorgten mit ihren Händen für den Reichtum und Erfolg der Stadt. Es schien, als würde die ganze Welt damals Hüte aus **LINDENBERG IM WESTALLGÄU** tragen. Auch davon erzählt das Museum, das 2014 neu eröffnet wurde. Auf zwei modernen, hellen und einladenden Stockwerken tauchen die Besucher ein in 300 Jahre Hutgeschichte.

Hutmode zum Ausprobieren – welche Kopfbedeckung kleidet euch am besten?

Die Wandertrilogie 4

Das Allgäu auf über 800 Kilometern erleben

Einmal das gesamte Allgäu erleben – die Hügel und die Berge, die Städte und die Menschen, die Geschichten und die Mythen. Und das alles zu Fuß! Das geht auf der Wandertrilogie.

Zugegeben, um die gesamte WANDERTRILOGIE zu entdecken, braucht es Zeit. Denn immerhin erstrecken sich die Wege auf über 876 Kilometer quer durchs Allgäu. Dabei funktioniert dieser Weitwanderweg wie ein Baukastensystem. Es gibt drei Routen in drei unterschiedlichen Höhenlagen und 53 Etappen, die keiner Strecke von einem Anfangs- zu einem Endpunkt folgen, sondern individuell zusammengewürfelt werden können. So sucht sich jeder sein Lieblings-Stück Allgäu heraus.

In welche Richtung wollen wir heute wandern?

Bei der Trilogie ist für jeden Wandertyp etwas dabei. Wer es genussvoll und entspannt

Ausgangs-/Endpunkt: Individuell, je nach gewählter Route
Anfahrt: Siehe oben
Beste Jahreszeit: Auch wenn die Wandertrilogie in großen Teilen auch im Winter begehbar ist, so ist der Weg auf Frühjahr bis Herbst, in den höheren Lagen ausschließlich auf den Sommer, ausgelegt.
Einkehr/Unterkunft: Die jeweiligen Etappen enden an einem Punkt, in dem es Übernachtungsmöglichkeiten gibt. Bei der Himmelsstürmer-Route sind das teilweise (Alpenvereins-)Hütten. Eine Übersicht der Gastgeber, die alle »Qualitätsgastgeber Wanderbares Deutschland« und somit auf die Bedürfnisse von Wanderern eingestellt sind, findet sich auf der Wandertrilogie-Homepage im Internet.
Information: Allgäu GmbH, Tel. 0831/575 37 30, www.allgaeu.de

DEUTSCHLAND
ÖSTERREICH
CH
Landsberg
Mindelheim
Buchloe
Bad Wörishofen
Memmingen
Sontheim
Tannheim
Eberhardzell
Ellwangen
Bad Saulgau
Bad Schussenried
Ostrach
Altshausen
Wilhelmsdorf
Illmensee
Bad Waldsee
Wurzacher Ried
Bad Wurzach
Arnach
Wolfegg
Weingarten
Ravensburg
Kißlegg
Leutkirch
Harprechtser
Legau
Bad Grönenbach
Iller
Ottobeuren
Unteregg
Mindel
Irsee
Germaringen
Kaufbeuren
Friesenried
Obergünzburg
Vilgertshofen
Schongau
Peiting
Ammer
Böbing
Altusried
Haldenwang
Aitrang
Marktoberdorf
Unterthingau
Betzigau
Kempten
Kempter Wald
Durach
Görisried
Wertach
Stötten
Auerberg 1055m
Lechbruck
Steingaden
Lengenwang
Roßhaupten
Wieskirche
Seeg
Hohe Bleick 1638m
Forggensee
Hopfensee
Bannwaldsee
Füssen
Schwangau
Alpsee
Lech
Hochplatte 2082m
Linderhof
Meckenbeuren
Tettnang
Wangen
Friedrichshafen
Argen
Sigmarszell
Lindau
Bodensee
Arbon
Bregenz
Pfänder 1063m
Lustenau
Dornbirn
Altstätten
Argenbühl
Isny
Moos
Schwarzer Grat 1119m
Buchenberg
Heimenkirch
Lindenberg
Weitnau
Waltenhofen
Niedersonthofner See
Rottachsee
Oy-Mittelberg
Grüntensee
Nesselwang
Wertach
Pfronten
Weiler-Simmerberg
Ebratshfn.
Scheidegg
Gr. Alpsee
Oberstaufen
Sulzberg
Immenstadt
Blaichach
Rettenberg
1738m Grünten
Bad Hindelang
Sonthofen
Hochgrat 1832m
Balderschwang
Bolsterlang
Fischen
Schöllang
2224m Nebelhorn
Oberstdorf
Allgäuer Alpen
Tannheim
Nesselwängle
Reutte
Plansee
Thaneller 2343m
Daniel 2342m
Eibsee
7
96
32
30
465
12
16
17
472
23
309
310
19
308
13
200
199
314
198

mag, der ist auf der WIESENGÄNGER-ROUTE (grüne Strecke) gut aufgehoben, die über die grünen Wiesen im Westen des Allgäus oder im Unterallgäu und Ostallgäu durch die Terrassenlandschaft zieht. Ideal ist die Tour für Wandereinsteiger, denen es nicht darauf ankommt Höhenmeter zu schrubben, sondern die leichte Wege genießen wollen. Familien sollten bei der Etappenwahl auf die Länge schauen, denn einige der Tagestouren, vorbei an Altmoränen und Mooren, sind über 20 Kilometer lang. Insgesamt umfasst die Wiesengänger-Route 397 Kilometer und ist auf 21 Etappen ausgelegt.

Trilogie: das Allgäu beim Wandern erleben

Die goldene Mitte bezüglich Schwierigkeit und Anspruch bildet die WASSERLÄUFERROUTE (blaue Strecke). Sie hat einen etwas höheren Anspruch, sucht aber noch keine Bergabenteuer. Der Weg orientiert sich auf 384 Kilometern an den kleinen Wasserfällen des Westallgäus ebenso wie an den Seen im Zentrum oder im Osten der Region.

Sie wollen höher hinaus? Dann auf zur HIMMELSSTÜRMERROUTE (rote Strecke). 341 Kilometer und reichlich Höhenmeter warten auf dieser Tour. Die Schweißtropfen werden mit unvergesslichen Naturbegegnungen und Abgeschiedenheit in den Gipfelwelten ausgeglichen.

Hinter diesem Weitwanderweg steckt ein ausgeklügeltes System der Beschilderung und Führung. Dank dieser Unterstützung sollen die Besucher in der Lage sein, den Weg auch ganz ohne Karte oder GPS zu finden. So taucht überall am Wegesrand das Steinmännle-Signet auf. Je nach Route in unterschiedlichen Farben. An jedem START- UND WILLKOMMENSPLATZ findet der Wanderer Informationstafeln, die Besonderheiten des Ortes und der Umgebung erzählen. Wer übrigens keine Lust hat, sein Gepäck selbst zu schleppen, für den wird ein kostenpflichtiger Gepäcktransport angeboten.

5 Moorerlebniszentrum

Im Wurzacher Ried unterwegs

Sie sind ein Lebensraum der Extreme: Moore. Nördlich von Bad Wurzach im Herzen Oberschwabens liegt eines der bedeutendsten Moorgebiete Süddeutschlands. Familien können es in einer interaktiven Erlebnisausstellung und live erkunden.

Richtig spannend, was alles im Moor kreucht und fleucht

10 000 Jahre. So alt ist das Wurzacher Ried. Über 1812 Hektar erstreckt sich seine Ursprünglichkeit, die eine ganz außergewöhnliche Pflanzen- und Tierwelt beheimatet. Der weithin noch unberührte Kernbereich gilt als das größte zusammenhängende noch intakte HOCHMOOR MITTELEUROPAS. Um das Moor zu erfassen, muss man es erleben – am besten auf einem Spaziergang. Bester Ausgangspunkt dafür ist das Natur-

Ausgangs-/Endpunkt: Naturschutzzentrum Wurzacher Ried
Anfahrt: Zur Ausstellung über die Autobahn Frankfurt–Karlsruhe–Stuttgart–Ulm bis Ausfahrt Ulm-West, dann weiter auf B 30 Richtung Friedrichshafen und ab Oberessendorf auf der B 465 nach Bad Wurzach. Oder über die A 7 Flensburg–Füssen, am Memminger Kreuz auf die A 96 Richtung Lindau bis Ausfahrt Leutkirch-West, dann weiter Richtung Bad Wurzach. Parken im Parkhaus am Kurhaus, Kirchbühlstr. 1
Öffnungszeiten: 1. April bis 31. Oktober 10–18 Uhr, 1. November bis 31. März 10–17 Uhr, aktuelle Änderungen siehe Homepage
Preise: Erwachsene 5 €, Kinder 6–15 Jahre 2 €, Kinder unter 6 Jahre kostenlos.
Einkehr: Unweit der Ausstellung liegt das Eiscafé Aldo in der Parkstraße 2.
Information: MOOR EXTREM Naturschutzzentrum Wurzacher Ried, Rosengarten 1, 88410 Bad Wurzach, Tel. 07564/30 21 90, www.wurzacher-ried.de, www.moorextrem.de

Im MOOR EXTREM kann die Welt der Moore mit allen Sinnen erlebt werden.

schutzzentrum Wurzacher Ried. Darüber hinaus – oder bei schlechtem Wetter – lohnt ein Besuch in der Erlebnisausstellung MOOR EXTREM. Hier erfahren auch kleine Besucher, wie kraftvoll Gletscher sind, wenn sie die Landschaft formen. Da heißt es: Gut festhalten, es ruckelt! Aber Moore entstehen auch sehr, sehr, sehr langsam. Etwa 90 Jahre, also ein ausgefülltes Menschenleben lang, dauert es, bis sie neun Zentimeter gewachsen sind. Wer so lange braucht, um groß zu werden, muss trickreich sein und sich unter schwierigen Bedingungen durchsetzen können. Das schaffen die TORFMOOSE, die Helden im Moor, am besten. In einer interaktiven Trick-Kiste erfahren die Besucher, wie sich die kleinen Wesen durchs Leben kämpfen. Spannend wird es auch beim Herzstück der Ausstellung, dem Nachbau eines Torfstichs.

HEY KIDS,
wusstet ihr, dass im Wurzacher Ried etwa 8000 bis 10 000 VERSCHIEDENE ARTEN Tiere, Pilze und Pflanzen leben? Wie viele entdeckt ihr heute?

Auf Augenhöhe mit den Tieren und Pflanzen des Wurzacher Rieds, zeigt sich hier eine völlig neue Perspektive. In MOOR EXTREM erfahren Sie auch, warum Moore eigentlich so gefährlich sind, wie sie Menschen und Tiere verschwinden lassen. Im letzten Raum, dem Chill-Out-Room, regen Klänge und Farben dazu an, die Eindrücke noch einmal Revue passieren zu lassen.

Im Moor gibt es viele Geheimnisse zu entdecken.

Schwäbisches Bauernhof-museum Illerbeuren 6

Einblicke ins Leben auf dem Land

Auf alle neugierigen Fragen rund um das Leben auf dem Bauernhof gibt es im liebevoll gestalteten Schwäbischen Bauernhofmuseum eine Antwort. Hier können kleine und große Besucher die eigene Lebenswelt hinterfragen und alltägliche Zusammenhänge verstehen.

Im Bauernhofmuseum erfahrt ihr viel über vergangene Zeiten.

Woher kommt der Käse? Wie heizt man einen Ofen ein? Wie wird Korn zu Brot? Wie wohnte ein Bauer, welche

Ausgangs-/Endpunkt: Bauernhofmuseum Illerbeuren
Anfahrt: Das Museum ist über die Autobahnen A 7 und A 96 gut zu erreichen. Der Eingang befindet sich mitten in der Ortschaft Illerbeuren. Der Museumsparkplatz und weitere museumsnahe Parkplätze sind ausgeschildert.
Öffnungszeiten: Täglich außer Mo 1. März bis 31. März. und 16. Oktober bis 30. November 10–16 Uhr, 1. April bis 15. Oktober 9–18 Uhr, aktuelle Änderungen siehe Homepage
Preise: Erwachsene 6 €, Kinder 6–17 Jahre 1 €, Kinder bis 6 Jahre frei. Zusätzlich gibt es Familienkarten. Führung 60 Min. 30 €, Kurzführung 10–15 Min. 10 €, öffentliche Führung für Einzelpersonen am 1. Sonntag im Monat frei
Einkehr: Im Museum gibt es zwei Gaststätten: das Gasthaus Gromerhof, das auch außerhalb der Öffnungszeiten des Museums besucht werden kann, und die prächtig windschiefe Torfwirtschaft Otto Hamp mit Biergarten.
Information: Schwäbisches Bauernhofmuseum Illerbeuren, Museumstraße 8, 87758 Kronburg (Illerbeuren), Tel. 08394/14 55, www.bauernhofmuseum.de

Arbeiten gab es zu tun, welche Tiere lebten auf dem Hof, wo war die Heizung und was gab es zu essen? Gab es eigentlich schon immer Traktoren? Und wie sah es mit Toilette und Badezimmer aus? Waren die auch so komfortabel wie heute bei uns? Höchste Zeit für Antworten!

Tiere auf dem Bauernhof – richtig zum Anfassen

Zwölf Kilometer südlich von Memmingen im schönen **ILLERWINKEL** gelegen, wechselt das Bauernhofmuseum je nach Jahreszeit sein Gesicht: Die historischen Gebäude, die Felder, Gärten und Wiesen drumherum wirken im Sommer anders als im Herbst. Was sie jedoch immer tun: Sie ermöglichen eine **ZEITREISE DURCH 350 JAHRE SCHWÄBISCHE GESCHICHTE** bis in die Nachkriegszeit des 20. Jahrhunderts.
Ob stroh- oder holzgedeckte Dächer, einfaches oder verziertes Fachwerk: Die Architektur der mehr als 30 ländlichen Bauten spiegelt die Landschaftsvielfalt zwischen Iller und Lech wider. Und auch innen kann der Besucher ins Gestern eintauchen: Die Einrichtung ist originalgetreu. Sie erzählt von Ernährung, Handwerk und industriellem Fortschritt.

Auch in den Gärten der Anlage scheint die Zeit stehen geblieben zu sein. Im Spaliergarten wachsen selten gewordene Zwetschgensorten, auf den Weiden grasen Haustierrassen von einst: Zaupelschafe, Noriker-Pferde, Allgäuer Braunvieh, Schwäbisch-Hällische Schweine, Augsburger Hüh-

Spiel und Spaß stehen im Bauernhofmuseum im Vordergrund.

ner und bayerische Landgänse. Zudem bietet das Museum Führungen und spezielle museumspädagogische Angebote für Gruppen. Auf der Heimfahrt kann es dann passieren, dass begeisterte kleine Besucher Pläne zum Umbau des eigenen Zuhauses schmieden und nun ein Pferd einziehen soll ... Ein Besuch im Bauernhofmuseum sorgt auf jeden Fall für reichlich Gesprächsstoff in den nächsten Tagen.

7 Baumwipfelpfad skywalk allgäu

Hoch hinaus für weite Blicke

Abenteuerspielplatz, Erlebnispfad und ein Baumwipfelpfad in 40 Metern Höhe: Der skywalk allgäu hält allerlei Attraktionen für mindestens einen halben Tag bereit. Und unvergessliche Ausblicke noch dazu.

Anlauf nehmen, abfedern und Sprung! Beim WALDTIERWEITSPRUNG können Besucher testen, mit welchem Waldbewohner sie es aufnehmen könnten. Bei etwas über drei Metern immerhin mit dem Fuchs. Im kleinen Weiler Oberschwenden bei Scheidegg führt der 820 Meter lange Trampelpfad quer durch den Wald. Um Weitsprung zu machen, die Tierfütterung mit Tannenzapfenschleuder und das Wurzelnest zu bestaunen, braucht es

Ausgangs-/Endpunkt: skywalk allgäu Naturerlebnispark
Anfahrt: Auf der A 96 bis Ausfahrt Sigmarszell/Scheidegg. Am Kreisverkehr in Scheidegg die erste Ausfahrt nehmen und der Beschilderung Richtung skywalk allgäu folgen. Von Lindenberg kommend, nimmt man am Kreisverkehr die zweite Ausfahrt und folgt der Beschilderung Richtung skywalk allgäu. Von Bregenz kommend folgt man in Scheidegg der Beschilderung. Vom Parkplatz skywalk allgäu in Scheidegg-Oberschwenden führt ein Fußweg ca. 10 Min. bergauf. Rollstuhlfahrer und Besucher mit starker Gehbehinderung (mit Behindertenausweis) ohne Begleitung können direkt am Eingang des skywalk allgäu parken. Die Anzahl dieser Parkplätze ist beschränkt. Der Tagesparkplatz kostet 2,50 €, von denen 1 € bei Kauf einer Eintrittskarte zurückerstattet wird.
Öffnungszeiten: Hauptsaison täglich 10–18 Uhr (letzter Einlass 1 Std. vor Parkschließung), Nebensaison Fr–So 11–17 Uhr
Preise: Erwachsene 11,50 €, Kinder ab 1 Meter 8,90 € (Hauptsaison), Erwachsene 7,50 €, Kinder ab 1 Meter 5,20 € (Nebensaison), aktuelle Änderungen zu Preisen und Tickets siehe Homepage
Einkehr: Ein Selbstbedienungsrestaurant befindet sich direkt im Informationszentrum des skywalk allgäu.
Information: skywalk allgäu gemeinnützige GmbH, Oberschwenden 25, 88175 Scheidegg, Tel. 08381/896 18 00, www.skywalk-allgaeu.de

zumindest festes Schuhwerk. Der zweite, etwas kürzere Erlebnispfad ist dagegen auch für Rollstuhlfahrer und Familien mit Kinderwagen ohne Barrieren zugänglich. Auch auf diesem flachen Weg warten einige Attraktionen auf die Kleinen: Waldtierbeobachtung, **TANNENZAPFENZIELWERFEN** und ein Schaukelbett, aus dem man gar nicht mehr aufstehen mag.

Schuhe, Socken aus und verschiedene Materialien barfuß erspüren

Oben: Hoch, höher, am höchsten – wer macht mit?

Doch der eigentliche Höhepunkt – und zwar im wahrsten Sinne des Wortes – kommt ja erst noch: der **BAUMWIPFELPFAD**. 540 Meter windet sich die Hängebrücke durch das oberste Stockwerk der mächtigen Bäume. Die 40 Meter Höhe erreicht man barrierefrei mit dem Aufzug oder – leicht schnaufend – zu Fuß. Ob nach der komfortablen Auffahrt oder der anstrengenden Variante, oben bleibt erst mal allen die Luft weg. An klaren Tagen ist die Aussicht berauschend: vom **BODENSEE** über die Voralpen bis zu den **ALPEN**. Manchmal sogar bis zu den französischen Vogesen. Bevor es ins Selbstbedienungsrestaurant oder auf den fantasievoll gestalteten Abenteuerspielplatz am Boden geht, wartet noch ein Adrenalinkick: der Wackelpfad. Über Balken, Seile und Netze führt er mit Tiefblick zur Röhrenrutsche – wackelige Knie garantiert. In rasanter Fahrt gelangt man wieder zurück auf den Boden.

Ganz schön mutig – aber ihr schafft das auch!

Grenzerpfad Oberreute 8

Auf Schmugglers Spuren

Im Grenzgebiet zwischen Deutschland und Österreich verläuft der Grenzerpfad auf dem Hochsträß – ein landschaftlich begeisternder Weg mit vielen spannenden Geschichten.

Schöne Aussicht auf die Aussicht

Ganz leise, im Schein des Mondlichts pirschten sie sich durch die Wälder. Im Sack auf dem Rücken einige Hühner und Eier für die hungrigen Familien. Immer näher kam die Grenze. Doch da, was war das für ein Geräusch? Etwa ein Zöllner? Sie lebten gefährlich und sicherlich mit dauerhaft

Ausgangs-/Endpunkt: Es gibt verschiedene Startmöglichkeiten: von der Ortsmitte Sulzberg, vom Parkplatz am Freibad Oberreute, vom Parkplatz Hinterschweinhöf oder vom Parkplatz Vorderschweinhöf.
Anfahrt: Auf der A 7 bis Autobahndreieck Allgäu, dort auf die A 980 in Richtung Lindau bis Ausfahrt Durach, Sulzberg, Kempten-Süd und weiter Richtung Sulzberg bis zur Ortsmitte. Oder auf der A 96 bis Ausfahrt Jengen/Kaufbeuren, dann auf der B 12 bis Kempten und über Isny nach Oberreute
Ausrüstung: Wanderausrüstung, Sonnenschutz, evtl. ein kleines Notizbuch für die Schmugglertipps von Peter
Einkehr: Direkt am Weg gibt es einige schöne Rastplätze, die zum Verweilen einladen, darum unbedingt Apfel, Brot, Käse und Co. für ein Picknick im Grünen mit Aussicht einpacken. Alternativ ist das Hochsträßstüble, das in Sulzberg direkt am Grenzerpfad liegt, eine gemütliche Einkehrmöglichkeit, Gmeind 217, Tel. +43/5516/28 63, Öffnungszeiten 10–20 Uhr, Mo Ruhetag.
Information: Tourismusbüro Sulzberg, Dorf 1, 6934 Sulzberg, Tel. +43/5516/22 13 10, www.sulzberg.at; Gästeamt Oberreute, Hauptstraße 34, 88179 Oberreute, Tel. 08387/12 33, www.oberreute.de

erhöhtem Pulsschlag, die Schmuggler vergangener Tage. Auf dem **HOCHSTRÄSS ZWISCHEN SULZBERG UND OBERREUTE** kreuzten sie immer wieder die Grenze – mit verbotener Ladung auf dem Rücken. Von ihren Geschichten, aber auch von der reizvollen Landschaft und ihren Bewohnern erzählt der Grenzerpfad.

Geheimnisvolle Spuren auf alten Schmugglerwegen

Die einfache Wald- und Wiesenwanderung für die ganze Familie führt über Forst- und Wanderwege, im Moor über Holzdielen. Je nachdem, wo man die Wanderung beginnt, hat man zwischen 5,9 und 9,1 Kilometer vor sich. Die eineinhalb bis zweieinhalb Stunden reine Gehzeit werden durch zehn Erlebnisstationen zur abwechslungsreichen Tour. Die Kinder haben dabei einen besonderen Begleiter: den **SCHMUGGLERPETER**. Er nimmt die Kleinen mit auf eine Abenteuerreise, erklärt, worauf kleine Schmuggler achten müssen und wie die Sinne geschärft werden, um auf die Zeichen der Natur zu achten. Der Schmugglerpeter verrät, warum er immer ein Fernglas in der Tasche hat und wie man ungesehen an den wachsamen Zöllnern vorbeikommt. Auch wenn das alles spannend ist – nicht den Blick für die Blumenwiesen, die idyllischen Moore und die berauschenden Bergpanoramen verlieren!

Grenzen überwinden mit dem Radl oder zu Fuß

9 Schwarzer Grat Erlebnisweg

Familien-Tour auf den Schwarzen Grat mit Aussichtsturm

Da hat jemand mitgedacht! Die Himmelsgucker-Bänke sind tatsächlich so gemütlich, dass man kaum wieder aufstehen möchte. Aber der Erlebnisweg mit seinen 13 Stationen hält noch so viel Aufregendes bereit, dass es keinen allzu lange auf den Sitzgelegenheiten hält.

Mit Schwung gen Himmel schaukeln

Die Tour startet in Isny-Bolsternang. Auf gut befestigten Forstwegen (daher auch für geländetaugliche Kinderwagen geeignet) geht es bis zum höchsten Punkt des voralpinen Höhenzuges der Adelegg, dem SCHWARZEN GRAT. Wer noch höher hinauf will, klettert auf den 28 Meter hohen hölzernen Aussichtsturm.

Ausgangs-/Endpunkt: Wanderparkplatz bei der Reha-Klinik Überruh in Isny-Bolsternang; alternativ: Parkplatz in Großholzleute, links beim ehemaligen Gasthof Historischer Adler
Anfahrt: Auf der B 12 Richtung Isny, vor Isny abbiegen in Richtung Buchenberg/Wengen/Bolsternang/Überruh. Links abbiegen in die Talstraße, dann wieder links in den Kapfweg bis zum Wanderparkplatz
Gehzeit: 4,5–5 Std.
Weglänge: 13 km
Ausrüstung: Feste Turnschuhe oder Wanderschuhe, wetterfeste Kleidung
Einkehr: Vom Gipfel des Schwarzen Grates aus lohnt sich ein Abstecher zur Alpe Wenger Egg (ca. 15 Min.) auf ein zünftiges Käsbrot.
Information: Isny Marketing GmbH – Büro für Tourismus, Tel. 07562/97 56 30

Kommt doch einfach mit uns mit!

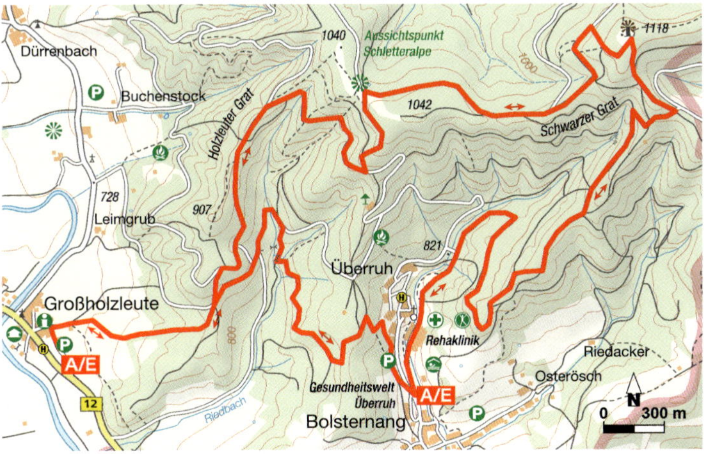

WANDERN MIT KINDERWAGEN

Den moosigen Moorwald riechen, dem Krummbach lauschen und das alles mit dem Kinderwagen. Das geht auf dem barrierefreien Naturerlebnisweg zwischen dem Stephanuswerk Isny, der Käseküche Isny, dem Bleicher Weiher und dem Biesenweiher. Zudem wartet ein Wasserspielplatz auf die Kids.

Die 13 Infostationen des Weges beschäftigen sich mit den Themen Naturgeschichte, Wald & Holz, Alpwirtschaft, Tourismus, Vögel und Naturschutz. Doch nicht nur das Laufen macht Spaß auf diesem Weg, auch das Anhalten. Besonders gemütlich sind die Himmelsgucker-Bänke, aber es gibt auch am Wegesrand viele schöne Rastplätze, außerdem einen PICKNICKPLATZ MIT SCHUTZHÜTTE und Hängematten am historischen Sennerei-Standort Schletteralpe. Am höchsten Punkt liegt ein Spielplatz inklusive Nestschaukeln und Kletterturm.

Wer die Tour verkürzen will, kann unterhalb der SCHLETTERALPE eine Abkürzung zurück zum Wanderparkplatz bei der Rehaklinik Überruh nehmen, das spart etwa eineinhalb Stunden.

Wandern macht Spaß – am meisten mit Freunden.

Was Sie trotz Kindern gesehen haben müssen

10 Predigerbibliothek Isny

Besser als bei Harry Potter

Über 2000 Werke werden in der mittelalterlichen Bibliothek der Nikolaikirche aufbewahrt – eine Zeitreise zwischen Buchdeckeln.

Mittelalterliche Predigerbücherei mit wertvollen Büchern

Steil ist die Treppe, die hinter der nördlichen Chorwand in der Nikolaikirche emporführt. Hinter einer schweren, handgeschmiedeten Tür eröffnet sich dann ein Raum, der nicht nur Harry-Potter-Fans in Staunen versetzt. Nur etwa fünf Quadratmeter ist

Ausgangs-/Endpunkt: Predigerbücherei Nikolaikirche Isny
Anfahrt: Auf der B 12 Richtung Isny, Abfahrt Zentrum und dann der Ausschilderung Richtung Schloss folgen; die Kirche steht direkt nördlich vom Schloss, Parkplätze gibt es am Schloss.
Öffnungszeiten: Die Bücherei kann von Ostern bis zum 31. Oktober jeden Mittwoch um 10.30 Uhr sowie jeden ersten Samstag im Monat um 14 Uhr im Rahmen einer Führung besichtigt werden. Die Tour dauert etwa eine Stunde.
Preise: 3 € pro Person
Einkehr: Café Kaffeebohne am Obertor: Diese wunderbare Kaffeerösterei, Schokoladen- und Teemanufaktur ist ein Integrationsprojekt für behinderte Menschen, die hier aktiv am Arbeits- und Alltagsleben teilnehmen. Die handgeschöpften Schokoladen, die nach Schweizer Rezepturen gefertigt und mit erlesenen Zutaten sorgfältig von Hand hergestellt werden, sind köstlich. Öffnungszeiten Mo–Do 10–17 Uhr, Fr 10–14 Uhr Tel. 07562/74 15 40, www.kaffeebohne-isny.de
Information: Isny Marketing GmbH – Büro für Tourismus, Unterer Grabenweg 18, 88316 Isny im Allgäu, Tel. 07562/97 56 30, www.isny.de

Die Nikolaikirche birgt wertvolle Schätze.

sie groß, die Predigerbibliothek, und doch können sich die Augen kaum sattsehen. Als die Kirche ab 1450 umgebaut wurde, wurde über der Sakristei ein Bücherraum geschaffen. Pfarrer Conrad Brenberg war es, der die ersten 29 Bücher schenkte. Seitdem sind einige hinzugekommen. Heute umfasst die Sammlung über 2000 Titel in 1200 Bänden, u.a. auch Schriften von Martin Luther. Einige der Werke sind handschriftlich verfasst, die Geschichte des Buchdrucks wird hier erlebbar. Der Raum sieht weitestgehend noch immer aus wie um 1475: das Kreuzgewölbe, die Terrakottafliesen, die Fresken, der Holztisch und der Wandschrank. Erstaunlich ist, dass die mittelalterliche Prädikantenbücherei durch fünf Jahrhunderte allerlei Brände und Kriege überstand. Selbst beim großen Brand 1631, der das komplette Schiff der Kirche völlig niederbrannte, blieb die Bücherei verschont. Dafür machte ihr immer wieder Wassereinbruch durch Schneemassen zu schaffen. Doch die meisten Werke konnten gerettet werden. Und so ist die Bücherei eine wunderbare Reise durch die Zeit-, Kirchen- und Kulturgeschichte. Ein herrliches Ausflugsziel an verregneten und grauen Tagen. Dann ist es hier besonders heimelig.

KINDER- UND HEIMATFEST

In Isny wird kulturell einiges geboten: Zum Beispiel beim Kinder- und Heimatfest, das jährlich stattfindet – und das wohl bereits seit 1620. Höhepunkt des bunten Treibens ist der Festumzug am Sonntag, an dem rund 2000 Mitwirkende, 400 Musiker und 80 Reiter und Gespanne teilnehmen. Infos und Termin: www.isny.de.

Historische Bibliothek von 1482 unter gotischem Kreuzrippengewölbe

Das Museumsdorf Erzgruben

OBERALLGÄU

Die schönsten Seen und Schwimmbäder

Wo Berge sind, da sind auch Täler. Und darin liegen einige der schönsten Badeseen des Allgäus. Etwa der **Freibergsee** bei Oberstdorf. Auf 950 Metern Höhe mit Blick auf die Skiflugschanze gelegen, vergeht ein Tag im Naturfreibad wie im Flug. Es gibt ein Nichtschwimmerbecken, einen Spielplatz, Kiosk, Restaurant mit Seeterrasse und einen Dreimeterturm. Auf dem Floß in der Mitte des Sees können Schwimmer ruhen.

Ab geht es in den nassen Wasserspaß!

Noch jung ist der erst 1992 auf einer Fläche von 300 Hektar aufgestaute **Rottachsee** bei Oy-Mittelberg. Doch schnell wurde der See zum Paradies für Schwimmer, Surfer, Taucher, Segler und Angler. An seinen Ufern gibt es an beiden Seiten Freizeitanlagen mit Sanitäreinrichtungen, Umkleiden, Beachvolleyballplatz, Spielflächen und Kiosk.

Zu Füßen des »Wächters des Allgäus« liegt der **Grüntensee** bei Wertach. Ihn kann man auf dem Tretboot erkunden, beim Surfen oder Segeln oder natürlich beim Baden. Um den See führt ein etwa neun Kilometer langer Wander- und Radweg. Interessant ist auch der Fischereilehrpfad am Westufer.

Klein und beschaulich ist der **Moorweiher** bei Buchenberg. Hier geht's mit Kneippbecken eher ruhig zu. Aber für eine kurze Erfrischung ist der Weiher wunderbar geeignet. Und einige Buchenbergerinnen schwören auf seine moorige Kraft als Jungbrunnen.

Am **Niedersonthofener See** oder »Niso«, wie Einheimische ihn liebevoll nennen, ist deutlich mehr Action angesagt. Hier gibt es gleich vier prima Badestellen, dazu Umkleiden und in Oberdorf und Niedersonthofen zudem einen Beachvolleyballplatz und einen Kiosk.

Darf es noch etwas mehr Angebot sein? Dann auf zum **Großen Alpsee** in Immenstadt. Am größten Natursee des Allgäus gibt es für jeden Geschmack etwas: Schwimmen, Kiten, Surfen, Segeln, Tretbootfahren, Stand-up-Paddling. Es gibt Spielplätze, ein Trampolin, einen Boulderfelsen und eine Slackline, Cafés, Restaurants und Eisdielen. Nur Langeweile, die gibt's hier nicht.

Östlich von Kempten, versteckt im Wald, liegt der **Notzenweiher**. Der Weiher, das ihn umgebende Moor und die Streuobstwiesen sind Lebensraum für viele Tiere und Pflanzen. Aber auch zum Baden ist er ideal. Direkt am Weiher befinden sich Parkplätze, Toiletten, ein Kiosk und ein Beachvolleyballplatz.

Hier bleiben wir die ganzen Ferien!

Oben: Traumhafte Landschaft mit traumhaftem Badesee

Am **Sulzberger See** oder Öschlesee, wie er von Einheimischen genannt wird, kann man entweder kostenlos am Ostufer und an der Huberwiese beim großen Parkplatz eintauchen oder im kostenpflichtigen (Erwachsene 2,50 €, Kinder 1,50 €) Strandbad am Nordufer. Dort gibt es Umkleiden, gesicherte Kinder-Wasserzonen, Kiosk, Sprungbrett und einen Kinderspielplatz.

11 Rundwanderung durch die Starzlachklamm

Rauschender Fluss, bizarre Steine und Canyoning-Spaß

Sie sind perfekte Tanzpartner: das rauschende Wasser der Starzlach und die glatten Felsen. Der Fluss hat das Gestein über Jahrtausende geformt und sich seinen Weg durch die Klamm gebahnt. Auf dieser Rundwanderung entdecken wir seine Schönheit.

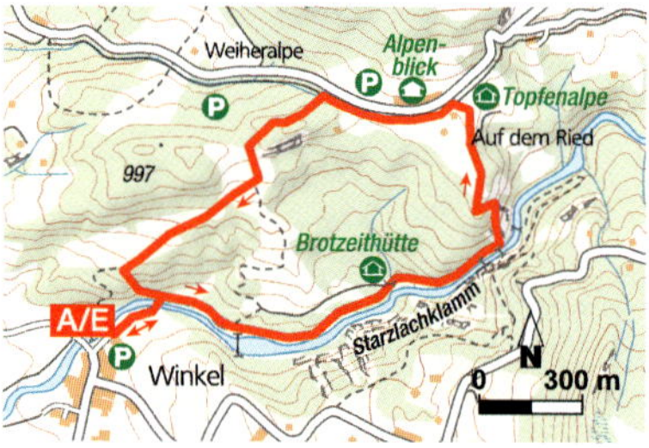

Vom Parkplatz in Winkel aus führt ein gut ausgeschildeter Fußweg durch einen kleinen Wald entlang der Starzlach nach Osten. Vorbei an den Kiesbänken des Flusses (hier kann man prima Steinmännchen bauen und im Wasser spielen) geht es über Wurzelwerk bis zum KLAMMWIRT, wo der Eintritt für die Klamm bezahlt wird. Nach dem Ein-

Ausgangs-/Endpunkt: Parkplatz Starzlachklamm in Winkel bei Sonthofen
Anfahrt: Von der B 19 aus auf die Östliche Alpenstraße B 308 Richtung Hindelang fahren. Kurz vor Ortsausgang Sonthofen links in den Salzweg einbiegen und diesem bis nach Winkel folgen, vor der Brücke rechts abbiegen. Der kostenpflichtige Parkplatz für die Starzlachklamm ist ausgewiesen.
Öffnungszeiten: 1. Mai bis 31. Oktober, aktuelle Änderungen siehe Homepage
Preise: Erwachsene 3,50 €, Kinder 2 €
Ausrüstung: Sowohl für den Weg durch die Klamm als auch für den Rückweg durch den Wald sind Trekking- oder Wanderschuhe mit gutem Profil notwendig. Bei Nässe können die Felsen in der Klamm sehr rutschig sein.
Einkehr: Beim Klammwirt am Eingang gibt's kleine Snacks, Getränke und frische Buttermilch. Am Ende der Klamm führt der Weg zur Topfenalpe, hier gibt's eine gute Brotzeitstärkung. Beim Berggasthof Alpenblick, der nur wenige Minuten entfernt liegt, locken knusprige Spareribs, www.alpenblick-burgberg.de.
Information: Tourist-Info Sonthofen, Rathausplatz 1, 87527 Sonthofen, Tel. 08321/61 52 91, www. tourismus-sonthofen.de

Eine wildromantische und spannende Entdeckungsreise

gang geht es hinein in eine faszinierende Welt aus Steinblöcken, durch die sich der schmale Steig schlängelt. Vor allem an regnerischen Tagen sollte man reichlich Gebrauch von den angebrachten Geländern machen. Immer weiter steigt der Weg sanft bergan, bis die Schlucht zwischen senkrechten Wänden ganz eng wird. Bei genauer Betrachtung finden sich vielleicht in den Felsen einige Versteinerungen von Krabben und anderen Lebewesen, die hier vor Millionen Jahren in einem Meer lebten. Sie konnten noch nicht erahnen, dass sich in ihrem Zuhause einmal Gruppen von Neoprenanzügen tragenden Menschen johlend die Felsstufen hinunterstürzen würden. Die Starzlachklamm ist ein beliebter Ort für den Trendsport **CANYONING**. Dabei werden Schluchten durch Abseilen, Abklettern, Rutschen, Springen und Schwimmen von

ERZGRUBENBÄHNLE
Müde Wanderer können mit dem Erzgrubenbähnle des Museumsdorfs zurück bis kurz vor den Parkplatz fahren. Infos unter www. erzgruben.de.

oben nach unten durchquert. Wer sich nicht selbst ins Nass stürzen will, kann das Spektakel in der Starzlachklamm fast täglich vom Weg aus beobachten.

Weiter geht es bis zum Ende der Klamm und über eine Brücke durch Steilgelände über Stufen aus dem Tobel hinaus. Die nächste Einkehrmöglichkeit, die **ALPE TOPFEN**, liegt am Wegesrand. Über eine Wiese führt der Weg zum frei gelegenen Berggasthof Alpenblick. Der Teerstraße folgt man talwärts, vorbei an der Bushaltestelle, bis zu einer Weggabelung. Hier geht es über den Forstweg nach links zunächst ein Stück bergan, bevor der Weg (immer links halten, nach rechts würde der Pfad hinab zur Kapelle Burgberg und ins Dorf **BURGBERG** führen) über Wiesengelände (im Sommer stehen hier oft zottelige Hochlandrinder), später steiler durch Wald zurück zum Parkplatz in Winkel führt.

Spektakuläres Erlebnis in spektakulärer Natur

Oben: Wandern macht Durst – eine Buttermilch macht stark!

Wer mit älteren und konditionsstarken Kindern eine ganz große Runde inklusive Gipfelerlebnis drehen möchte, kann auf der Teerstraße am Alpenblick nach rechts gehen, sich dann links halten und über Kehralpe, Mittlere Schwendalpe zum Grüntenhaus und zum Grünten aufsteigen. Der Abstieg erfolgt dann auf dem Rücken, den Wustbach kreuzend. Das ist allerdings ein knackiger Tagesausflug mit fast 1000 Höhenmetern.

Erzgruben-Erlebniswelt am Grünten 12

Unter Tage Geschichte erleben

Am Fuße des Grünten liegt Erzgruben. Hier wurde bis ins 19. Jahrhundert Eisenerz gefördert. Im Museumsdorf und in den Gruben können Besucher in diese vergangenen Tage eintauchen.

Glück auf – und ab geht es in das Herz des Berges.

Es war ein schwarzes Jahr für die Region. Als 1859 der Abbau von EISENERZ AM GRÜNTEN eingestellt werden musste, weil das Metall aus dem Oberallgäu längst in Preis und Qualität anderen

Ausgangs-/Endpunkt: Erzgruben-Erlebniswelt am Grünten
Anfahrt: Von Süden kommend über die B 19 bis Burgberg. Von hier (Haltestellen Burgberg, Parkplatz Steinbruch, VitalPark, Dorfplatz Burgberg, Grüntenweg/Weiherle, Auf dem Ried) fährt das Erzgrubenbähnle direkt zum Museum. Alternativ kann man auch von Burgberg zum Museum wandern.
Öffnungszeiten: Mai bis Oktober 10.30–17 Uhr, Führungen mehrmals täglich, genaue Uhrzeiten stehen auf der Homepage.
Preise: Museumsdorf und Führung kosten für Familien 17 €. Erwachsene zahlen 7 €, Kinder von 6–14 Jahren 4 €. Jüngere Kinder sind frei. Wer nur ins Museum möchte, zahlt als Familie 11 €, als Erwachsener 4,50 € und als Kind 3 €.
Ausrüstung: Neben festen Schuhen ist eine Regenjacke gegen Tropfwasser in den Höhlen hilfreich. Für Kleinkinder unter vier Jahren wird eine Rückentrage empfohlen.
Einkehr: Direkt am Museumsdorf liegt das Knappenhock mit Terrasse. Hier gibt es kleine Snacks. Wer größeren Hunger hat, kehrt z. B. im Gasthof Alpenblick ein.
Information: Erzgruben-Erlebniswelt am Grünten, 87545 Burgberg, Tel. 08321/788 46 46, www.erzgruben.de

Mit der hellen Lampe geht's in den dunklen Stollen.

Regionen Europas unterlegen war, mussten 220 Bürger auswandern. Doch bis zu diesem traurigen Ende blühte vom 14. Jahrhundert an der Erzabbau. Von beiden Zeiten, den goldenen und den schwarzen, erzählt die Erzgruben-Erlebniswelt am Grünten. Besucher können eintauchen in das Leben und den Alltag der Knappen, sie erfahren allerlei Wissenswertes über die Geologie am Grünten, diesem ersten so markanten Berg des Oberallgäus. Auf dem Gelände stehen Kohlemeiler, Hochofen und Brennofen zum Anfassen und Begreifen bereit. Auch die ein oder andere Sage rund um den Erzbergbau kommt den Gästen hier zu Ohren. Schon im Museumsdorf gibt es viel zu erkunden, aber der eigentliche Höhepunkt ist die **RUNDWANDERUNG MIT EINEM GRUBI**. Auf dieser Zweieinhalb-Stunden-Tour geht es zunächst zum Andreas-Tagebau, später dann unter Tage in die **THERESIENGRUBE** und die **ANNAGRUBE**. Natürlich stilecht mit Grubenlampe. Zurück im Tageslicht können die Kinder noch eine Runde auf dem Spielplatz toben, während die Eltern im Knappenhock auf der Terrasse entspannen.

Mit »Grubi« die geheimnisvolle unterirdische Bergwelt entdecken.

HEY KIDS,
habt ihr schon die lustige Fotowand entdeckt? Dort könnt ihr mit euren Liebsten ein Grubenfoto machen.

13 Alperlebnispfad Oberstaufen

Von Kühen, Käsen und Bergen

Um die Wette Kuhmelken – wer gewinnt?

Wandern kann so viel Spaß machen! Vor allem auf dem abwechslungsreichen Alperlebnispfad, auf den 47 Stationen zum Erleben und Erfühlen einladen.

Start des Weges ist an der Bergstation der IMBERGBAHN. Die ersten Meter geht es noch ruhig dahin, aber dann folgt eine spannende Station auf die nächste. Infos über die Alp-

Ausgangs-/Endpunkt: Bergstation Imbergbahn, alternativ an einer der Bushaltestellen bei der Hochbühl-Alpe und in der Nähe der Alpe Hochwies, von dort Anschluss zur Bergstation
Anfahrt: Über die B 19 bis nach Immenstadt, dann auf der B 308 Richtung Oberstaufen und weiter nach Steibis. Von hier der Ausschilderung zur Imbergbahn folgen
Gehzeiten: Für die große Runde sollten etwa 3,5–4 Stunden eingeplant werden.
Preise: Berg- und Talfahrt mit der Imbergbahn für Erwachsene 16 €, Jugendliche (16–17 Jahre) 13 €, Kinder (unter 16 Jahren) 9 €. Familientarife werden angeboten.
Ausrüstung: Normale Wanderausrüstung, festeres Schuhwerk gibt ausreichend Halt.
Einkehr: Entlang der Strecke befinden sich gleich vier Alpen, die zu einem Zwischenstopp einladen: Hochbühl-Alpe, Alpe Hochwies, Alpe Glutschwanden und Häusslers Gschwend.
Information: Oberstaufen Tourismus, Hugo-von-Königsegg-Str. 8, 87534 Oberstaufen, Tel. 08386/930 00, www.oberstaufen.de

Wo geht's lang – nicht immer der Nase nach …

wirtschaft vor Ort, Kletterfelsen, die zu einer Erkundungstour durch Hand und Fuß einladen, oder eine Kuh, die um die Wette gemolken werden möchte, gehören dazu. Zudem wollen Bäche überquert und Hangsteigungen gemessen werden. Wer die große Runde auf dem Erlebnispfad zurücklegt (6,3 Kilometer Länge), kommt an 47 Stationen vorbei. Es gibt aber auch eine mittlere Variante (5,3 Kilometer) und eine kurze 2,3-Kilo-

Perfekte Erfrischung während einer schönen Wanderung

meter-Tour. Hier gibt es jede Menge Gelegenheit zum Toben, doch ganz nebenbei erfahren die kleinen und großen Besucher an 16 Infostationen, 17 Fragetafeln und 16 Aktionsstandorten auch einiges über Geschichte und Landschaft dieser Region.

Die Tour verläuft durchwegs auf befestigten Wegen und ist auch mit kleineren Kindern bei entsprechender Kondition gut zu meistern. Besonderes Schmankerl am Wegesrand: die vier Alphütten, die mit einer kühlen Apfelschorle, einem Stück Kuchen mit Sahne oder einer Brotzeit kleine Wanderer große Anstrengungen schnell vergessen lassen.

Käseschule Allgäu 14

Runde Laibe zum Selbermachen

Kühe gehören zum Allgäu wie die Berge. Aus ihrer guten Milch wird in der ganzen Region köstlicher Käse hergestellt. Wer lernen will, wie aus flüssiger Milch das Allgäuer Gold wird, kann dies bei Georg Gründl in der Käseschule tun.

Im Dorfhaus im kleinen Ort THALKIRCHDORF dreht sich alles um den Käse. In dem Ort, der auch das Dorf der sieben Dörfer genannt wird, da zu ihm die sieben Orte Kirchdorf, Knechtenhofen, Konstanzer, Lamprechts, Osterdorf, Salmas und Wiedemannsdorf gehören, führt GEORG GRÜNDL Neulinge in die hohe Kunst des Käsens ein. Etwa drei

Aus flüssiger Milch entsteht das begehrte Allgäuer Gold, leckerer Käse.

Ausgangs-/Endpunkt: Käseschule Allgäu
Anfahrt: Von Immenstadt auf der B 308 in Richtung Oberstaufen, dann links abbiegen nach Thalkirchdorf in die Kirchdorfer Straße
Öffnungszeiten: Die Seminare finden am Morgen oder Abend statt. Rechtzeitige Anmeldung telefonisch oder per E-Mail ist unbedingt erforderlich.
Preise: Pro Person 59,50 €, zu zweit einen Käse herstellen 85 €
Einkehr: Direkt im Dorfhaus befindet sich auch ein gutes Restaurant. Auf der Karte stehen allerlei Allgäuer Klassiker wie Kässpatzen, Brotzeitplatten und Flädlesuppe.
Information: Käseschule Allgäu, Georg Gründl, Kirchdorfer Straße 7, 87534 Thalkirchdorf, Tel. 0172/890 87 38, www.kaeseschule.de

Käse selbst herstellen macht viel Spaß – wie man sieht.

Stunden dauert dieser erste Ausflug in die Welt der duftenden Laibe. Er erzählt von Weichkäse, Schnittkäse und Hartkäse. Jeder Schüler steht erwartungsvoll vor seinem glänzenden Kupferkessel. In ihm wird die Milch gerührt und auf 35 Grad erwärmt. Dann wird eingelabt – zügig wird der Lab, ein Enzymgemisch, hinzugeschüttet. Dann ist eine halbe Stunde Ruhepause angesagt, bevor mit der Käseharfe alles »locker aus dem Handgelenk« in körnergroße Stücke zerteilt wird. Frühestens nach eineinhalb Stunden, spätestens am nächsten Tag, dürfen die Schüler ihren selbst gemachten Weichkäse mit nach Hause nehmen.

Hier lernen die Kids, wie die Löcher in den Käse kommen.

Aber wenn man schon mal da ist, sollte man unbedingt noch die verschiedenen **ALLGÄUER KÄSESORTEN** probieren. Die machen dann Lust auf das mögliche nächste Käseseminar, in dem ein halbfester Schnittkäse hergestellt wird.

HEY KIDS,
die hausgemachte Fruchtmolke aus der Sennerei nebenan müsst ihr unbedingt probieren. Schmeckt super und gibt Power für den Tag.

15 Hoch hinaus zum Staufner Haus

Wanderung in der Nagelfluhkette

Ob dank der Hochgratbahn ganz ohne selbst marschierte Höhenmeter oder nach einer kleinen Wanderung: Ziel ist das Staufner Haus mit seiner kinderfreundlichen Wirtsfamilie und regionaler Küche. Von hier starten viele Wandertouren.

Guten Appetit – sieht richtig lecker aus!

Herrgottsbeton nennen die Allgäuer das seltene Nagelfluhgestein. Zusammengebacken aus Kiesel und Schlamm bildet es malerische Formen. Mit jungen Kindern oder lauffaulen Pubertierenden lockt die Auffahrt mit der HOCHGRATBAHN. In nur 15 Minuten bringt diese Besucher von Oberstaufen-Steibis aus auf den Hochgrat. Von der Bergstation sind es nur zehn Minuten bergab bis zum uri-

Ausgangs-/Endpunkt: Talstation Hochgratbahn Oberstaufen-Steibis
Anfahrt: Auf der B 308 von Oberstaufen oder Immenstadt kommend die Ausfahrt Richtung Zentrum, Steibis, Österreich nehmen. Dann der Mühlenstraße und der Ausschilderung zur Hochgratbahn folgen
Öffnungszeiten: Die Hochgratbahn fährt im Sommer von 8.45–16.30 Uhr. Das Staufner Haus ist von Mitte Mai bis Mitte Oktober durchgehend geöffnet.
Preise: Hochgratbahn (nur Bergfahrt) für Erwachsene 12,30 €, Jugendliche 16–19 Jahre 9,60 €, Kinder 6–15 Jahre 7,90 €. Sonderpreise für Familien. Übernachtungen auf dem Staufner Haus für Erwachsene 12–28 €, Kinder 6–18 € pro Nacht (Alpenvereinsmitglieder schlafen dabei günstiger und Zimmer sind teurer als Lager)
Einkehr: Staufner Haus, je nach Routenwahl auch Falkenhütte, Oberstieg Alpe, Schilpere Alpe und Untere Lauchalpe
Information: Hochgratbahn, Tel. 08386/82 22, www.hochgrat.de, Staufner Haus, Tel. 08386/82 55, www.staufner-haus.de

Auf dem Staufner Haus haben die Kleinen großen Spaß.

gen STAUFNER HAUS. Hier sind die Hüttenwirte Lukas und Katka mit ihren drei Kindern zu Hause. Während die Kleinen vor der Hütte spielen, können die Großen sich kulinarisch verwöhnen lassen. Der Käse stammt aus Oberstaufen, das Fleisch aus den Allgäuer Tälern. Auch für Vegetarier und Veganer ist gesorgt. Von der Sonnenterrasse fällt der Blick über die grünen Hügel hinab bis zum Bodensee. Kaum vorstellbar, dass die Sektion die 1908 eröffnete Hütte fast schließen wollte, da sie vor einigen Jahrzehnten extrem baufällig und immer wieder von den Schneemassen bedroht war.

HEY KIDS,
auf dem Staufner Haus kann man auch übernachten! Nirgendwo macht Gute-Nacht-Geschichten-Erzählen mehr Spaß als im Matratzenlager.

Nach der Stärkung kann man von der Hütte aus prächtige Wanderungen angehen. Zurück an der Bergstation führen etwa zwei Wege auf den Gipfel des HOCHGRAT. Der eine über das NAGELFLUHGESTEIN mit einigen Seilsicherungen, der andere ist ein neu erbauter Wanderweg mit 230 Stufen, auf dem Wanderer gefahrlos in etwa einer halben Stunde ab Bergstation den höchsten Punkt erreichen.

Besonders aussichtsreich ist der Premiumwanderweg »Luftiger Grat«. Er führt mitten in die Bergwelt und zu einigen der schönsten Aussichtspunkte im NATURPARK NAGELFLUHKETTE, ist allerdings nur für trittsichere und schwindelfreie Kinder und Eltern zu empfehlen. Mit einer reinen Wanderzeit von viereinhalb bis fünf Stunden ist Kondition wichtig. Von der Bergstation Richtung Westen führt der Weg über den Grat zum Seelekopf, Hohenfluhalpkopf, Eineguntkopf und weiter Richtung Falkenhütte (Einkehrmöglichkeit). Kurz bevor der Weg oberhalb der Falkenhütte den Grat verlässt, lädt ein Aussichtsplateau zur Rast ein. Hier werden alle mit einer fantastischen Aussicht belohnt. An der Falkenhütte führt der Weg bergab über den Wiesenweg zur Oberstieg Alpe und weiter auf dem Fahrweg über die Schilpere und Untere Lauchalpe (alle drei Alpen bieten Einkehrmöglichkeiten) zum Parkplatz an der Hochgratbahn zurück.
Wer nur bergab will, läuft in etwa eineinhalb bis zwei Stunden vom Staufner Haus aus in Serpentinen bis zur Oberen Lauchalpe durch den malerischen Kessel zur Oberen Horbachalpe. Der Bach, der überquert werden muss, lädt zu kleinen Wasserspielen ein. Es geht hinab in den Talgrund und über den Vorsattel an der Tausendjährigen Eibe vorbei in spitzem Winkel auf einem geteerten Weg zur Unteren Lauchalpe und weiter zur Hochgratbahn-Talstation. Den Weg kann in umgekehrter Richtung auch nutzen, wer beim Aufstieg nicht auf die Bahn zurückgreifen will.

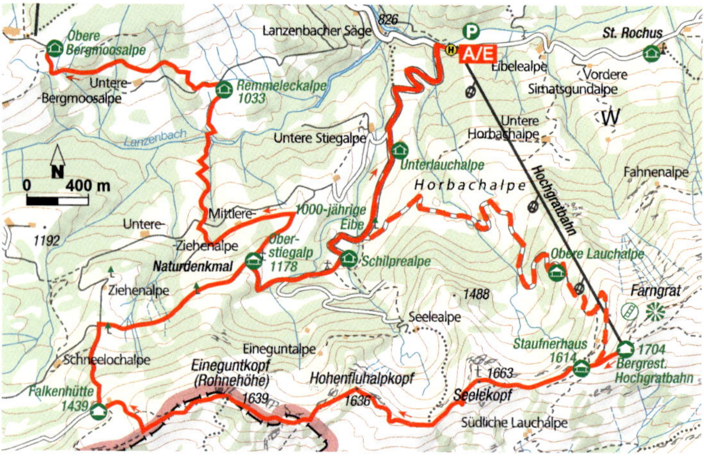

Besuch im Allgäuer Bergbauernmuseum 16

Von harter Arbeit, fleißigen Kühen und dem bäuerlichen Leben

Die Uhren ablegen möchte man am liebsten, wenn man das Bergbauernmuseum in Diepholz bei Immenstadt besucht. Irgendwie sind sie hier fehl am Platze, erzählt das Museum doch von einer Zeit, als Wetter und Jahreszeiten den Tagesablauf bestimmten. Statt sich im Supermarkt ein--zudecken, mussten die Bergbauern sich selbst versorgen, ihr Wissen war überlebenswichtig.

Kuhle Kunigunde erklärt Kids die Kuh.

Ausgangs-/Endpunkt: Allgäuer Bergbauernmuseum
Anfahrt: Auf der B 19 bis Immenstadt, dort abbiegen Richtung Lindau, Oberstaufen, Stein. Auf der B 308 Richtung Kempten, links abbiegen auf die OA 31 und der Bergstättstraße Richtung Isny/Missen folgen. Dann rechts abbiegen nach Knottenried. Das Museum ist ausgeschildert, Parkplätze stehen zur Verfügung.
Öffnungszeiten: Bitte auf der Homepage einsehen
Preise: Erwachsene 7/4,50 €, Kinder 7–15 Jahre 4,50 €, Kinder bis 6 Jahre frei. Es gibt auch Familienkarten und Gruppenpreise. Führungen ca. 1,5 Stunden 45 €, Milchwirtschaftliche Führung mit Käseprobe 60 €. Leihgebühr für den Zeitreise-Rucksack 4 €
Einkehr: Höfle-Alpe direkt auf dem Museumsgelände
Information: Allgäuer Bergbauernmuseum e. V., Diepholz 44, 87509 Immenstadt, Tel. 08320/70 96 70, www.bergbauernmuseum.de

Museumsbesuch mit Freunden macht richtig Spaß.

Oben: Wilde Schlachten im frischen Heu sind herrlicher Ferienspaß.

Eindrücke aus dieser Zeit können kleine und große Besucher hier erleben und im wahrsten Sinne des Wortes begreifen. Denn ANFASSEN, AUSPROBIEREN, STREICHELN ist ausdrücklich erlaubt. Im Bauernhof etwa kann man durch einen Kuhmagen gehen. Hier erleben die Kinder spielerisch, wie Gras zu Milch wird. Auf den Weideflächen sind ALTE TIERRASSEN wie Bergschafe, Allgäuer Braunvieh und Schwäbisch-Hällische Schweine zu Hause. Der Heustock lädt natürlich vor allem zu einem ein: zu einer wilden Heuschlacht samt Hüpfeinlagen.

Im 300 Jahre alten Sattlerhof, der ursprünglich in Schöllang stand und auf das Museumsgelände versetzt wurde, können Besucher den Alltag einer Bergbauernfamilie nachempfinden. Dabei hilft der Zeitreise-Rucksack mit spannenden Aufgaben. Viele Stationen im Sattlerhof laden ein, selbst aktiv zu werden: sich kleiden wie im Jahre 1920, schreiben auf alten Schiefertafeln und Probeliegen in einem alten

Gruppenfoto – bitte schnell, wir müssen wieder spielen!

Bett mit Strohmatratze. Der Haushälterin kann man beim Spinnen über die Schulter schauen oder beim Kochen am Holzofen, der erst mal eingeheizt werden muss.

In der **HÖFLE-ALPE**, die 1872 in der Nähe von Oberstdorf errichtet und 2001 auf das Museumsgelände versetzt wurde, werden nicht nur alle Fragen zur Alpwirtschaft beantwortet (Warum werden Schweine auf der Alpe gehalten? Was für ein Instrument ist die Käseharfe?), sondern hier kann man auch prächtig einkehren.

17 Rund um den Alpsee

Ruhe pur, jede Menge Action und wilde Piraten

Warum »Entweder oder«? Am Alpsee bei Immenstadt heißt das Motto »Sowohl als auch«. Denn hier finden Besucher Ruhe und Entspannung ebenso wie unzählige Sport- und Spaßmöglichkeiten. Und die Kids gehen mit den Piraten auf große Fahrt.

Wer im Allgäu vom Alpsee spricht, meint meist den Großen Alpsee. Wobei sein benachbarter Bruder, der Kleine Alpsee, mit beheiztem Freibad durchaus ebenfalls einen Besuch wert ist. Doch der Große hat einfach mehr zu bieten. Eingebettet in Wälder und Wiesen, umgeben von Hügeln und Bergen ist er ein echter Tausendsassa. Wer es gemütlich mag, flaniert über die SEEPROMENADE oder schaut dem kühlen Weißwein in einem der Seelokale beim Perlen im Glas zu. Die Liegewiesen laden zum Entspannen, das seichte Wasser, das an der tiefsten Stelle aber immerhin 22 Meter tief ist, zum Baden ein.

Der Große Alpsee bietet außerdem perfekte Verhältnisse für Wassersportler. Ob beim SEGELN, SURFEN ODER KITEN oder mit etwas weniger Adrenalinausstoß beim Ruder- oder Tretbootfahren, das Leben spielt sich hier auf dem Wasser ab. In den letzten Sommern ziehen auch immer

Ausgangs-/Endpunkt: Treffpunkt für die Piratenfahrten ist am Hafen in Immenstadt/Bühl bei der Lädine.
Anfahrt: Die B 19 bei Immenstadt über die Ausfahrt in Richtung Lindau/Oberstaufen/Immenstadt Zentrum verlassen und der B 308 in Richtung Oberstaufen/Lindau folgen. In Bühl auf Höhe der Tankstelle rechts in Richtung Alpsee abbiegen
Öffnungszeiten: Die Piratenfahrten finden nur im Sommer immer freitags statt. Die Mindestteilnehmerzahl sind 10 Kinder, maximal 25 Kinder können pro Fahrt mit an Bord. Dabei sind zudem zwei Betreuer und zwei Schiffsführer. Weitere Infos siehe Homepage
Preise: Erwachsene 10 €, Kinder bis 12 Jahre 5 €. Voranmeldung bis zum Vortag um 16 Uhr bei der Tourist-Info im AlpSeeHaus, Tel. 08323/99 88 77
Einkehr: Direkt am See befindet sich das Strand-Café Bühl mit Terrasse.
Information: Tourist-Info Immenstadt, AlpSeeHaus, Seestraße 10, 87509 Immenstadt i. Allgäu, Tel. 08323/99 88 77, www.immenstadt.de

Kleine Piraten auf großer Abenteuerfahrt

häufiger »SUPer«, STAND-UP-PADDLER, auf den Brettern durchs Nass. Die Trendsportart trainiert nicht nur den gesamten Körper und das Gleichgewicht, sondern ist auch leicht zu erlernen. Die Bretter können direkt am See ausgeliehen werden.

HEY KIDS,
Mitte August verwandelt sich der Hafen für einen Tag in ein Piratennest. Seid dabei!

Von Mitte Juli bis zum Ende der bayerischen Schulferien wird der Alpsee immer freitags erobert. Von einer Horde wilder PIRATEN. Geschminkt und verkleidet brechen die Kinder auf dem Boot Santa Maria Loreto zu ihrer Abenteuerfahrt auf.
Es wird nach einer Flaschenpost gesucht, die eine Schatzkarte beinhaltet. Angreifer müssen mit Bordkanonen auf Abstand gehalten werden. An Deck lernen die Kids die wichtigsten Knoten und Seemannsgarn. Aber ist

Schiff voraus, alles klar zum Entern!

der Schatz wirklich schon in Sicherheit, wenn das Schiff wieder im Hafen einläuft? Eine abenteuerliche Fahrt für Kinder ab sechs Jahren.
Sehenswert ist auch das ALPSEEHAUS. Neben einer Erlebnisausstellung über den schönen Naturpark Nagelfluhkette können hier Touren gebucht, Bouldermatten für den Fels geliehen, Käse und heimische Produkte gekauft werden.

Zeitweg Balderschwang 18

Einblicke in den Naturpark

Seinen schönen Namen trägt der Weg, der Ende 2015 eröffnet wurde, zu Recht. Hier kann man sich Zeit nehmen, gedanklich in der Zeit zurückreisen, einfach eine schöne Zeit verleben.

Verspielte Kids – diesmal mit vier Beinen

Es geht um allerlei Arten der Zeit auf diesem Weg, den der NATURPARK NAGELFLUHKETTE gemeinsam mit der Gemeinde BALDERSCHWANG ins Leben gerufen hat. In Kienles Kräuterparadies etwa geht es um die Blütezeit – wann erwachen welche Pflanzen zum Leben und welchen Einfluss haben sie auf unseren Körper und unseren Geist? An der alten Eibe von Balderschwang geht es um

Ausgangs-/Endpunkt: Wäldle oder Schlipfhalden (der Weg ist in beide Richtungen begehbar). Unregelmäßige Busverbindung (Info: www.balderschwang.de)
Anfahrt: Auf der A 7 bis Autobahndreieck Allgäu, weiter Richtung Waltenhofen/ Oberstdorf. In Fischen an der zweiten Ampel nach rechts und auf der OA 9 über den Riedbergpass nach Balderschwang
Gehzeit: 1,5–2 Std.
Weglänge: 5 km von Startpunkt zu Startpunkt. Die Wanderung führt über breite Alpwege.
Ausrüstung: Festes Schuhwerk ist vor allem nach Regenfällen sinnvoll.
Information: Fremdenverkehrsamt Balderschwang, Dorf 16, 87538 Balderschwang, Tel. 08328/10 56, www.balderschwang.de

Blick in den Abenteuerwald mit spannender Tierspurensuche

Lebenszeit. Wie viele Jahre hat der alte Baum wohl auf seinem Buckel? Sind es »nur« 800 oder doch über 2000 Jahre? Beim Bergwald denken wir

Ich bin dann mal weg – unterwegs im Naturpark Nagelfluhkette.

an Schutzzeit. Denn er ist es, der Balderschwang im Winter vor herabdonnernden Lawinen schützt. Im Entspannungswald laden Stationen dazu ein, bewusst zu atmen und verschiedene Übungen zu machen – es ist also Atemzeit. Und bei dem seltenen Apollofalter, der nur wenige Wochen fliegt, geht es um die Flugzeit.

16 familiengerechte Erlebnisstationen stellen das Leben der Menschen in den Balderschwanger Bergen, den Naturpark Nagelfluhkette und dessen Bewohner vor. An jeder Station erwartet Kinder eine Wissensfrage. Im Abenteuerwald können sie sich bei der Tierspurensuche austoben oder im Streichelzoo Kaninchen und Ziegen als neue Freunde gewinnen.

19 Kletterwald Söllereck

Über Leitern, Balken, Netze im höchstgelegenen Kletterwald Deutschlands

Bestens ausgerüstet geht es in den abenteuerlichen Kletterwald.

Abenteuer pur verspricht der Kletterwald Söllereck auf 1400 Meter Höhe. Hier geht es über allerlei Hindernisse gut gesichert durch die Baumwipfel. Für Kinder ab 6 Jahren, aber auch für Mama und Papa ein großartiges Erlebnis.

Zugegeben, ein wenig Mut braucht es schon, wenn es unter den Füßen so wackelt. Über Baumstämme, Leitern und Rollen, Netze und Seilbrücken geht es durch den wunderbaren Berg-

Ausgangs-/Endpunkt: Talstation Söllereckbahn
Anfahrt: Auf der B 19 bis kurz vor Oberstdorf, dann rechts halten Richtung Söllereckbahn, Kleinwalsertal. Wenige Kurven später liegen die Bahn und Parkplätze direkt an der Straße.
Öffnungszeiten: Mai bis November 10–17 Uhr
Preise: Erwachsene 24,50 €, Kinder 6 Jahre und jünger 15 €, Kinder 7–16 Jahre 19 €. Im Eintrittspreis ist die Berg- und Talfahrt mit der Söllereckbahn enthalten. Außerdem eine Schulung durch Fachpersonal sowie das Material (Helm, Klettergurt und Sicherungssystem)
Ausrüstung: Die Ausrüstung für den Kletterwald wird gestellt. Besucher sollten bequeme, nicht zu weite Hosen/Shirts tragen und Schuhwerk mit griffiger Sohle.
Einkehr: Direkt neben dem Klettergarten liegt das Berggasthaus Schönblick. Hier gibt's auf der Terrasse oder in der Stube auch extra Kindergerichte.
Information: Tourismus Oberstdorf, Prinzregentenplatz 1, 87561 Oberstdorf, Tel. 08322/7000

Zusammen mit Mama oder Papa bezwingen auch die Kleinsten große Hindernisse.

mischwald. Für die prächtigen Berge im Hintergrund hat hier allerdings während der Klettereinlagen kaum jemand einen Blick.

Auf 1400 Meter Höhe, direkt neben der Bergstation der SÖLLERECK-BAHN, liegt der Kletterwald. Vom spielerischen Kinder-Parcours, der einfach zu bewältigen ist, bis zum knackigen Parcours für sportliche Erwachsene ist alles dabei. Besuchern stehen sieben verschiedene Parcours (zwei davon für Kinder ab 6 Jahren, drei für 8-Jährige, vier für Kinder ab 10 Jahren, fünf für Jugendliche ab 12 Jahren und alle ab 14 Jahren) zur Verfügung. Jede dieser Touren umfasst sieben bis zehn Elemente, die mit Geschick und Gleichgewicht, Mut, Kraft und Willen überwunden werden müssen.

SOMMERRODELBAHN

Am Söllereck lässt es sich rasant abfahren! Über 850 Meter verläuft die kurvige Strecke der Sommerrodelbahn mit Sprüngen und Wellen. Mit bis zu 40 km/h geht es zum Schluss sogar auf einer Brücke über die Bundesstraße. Anfang Mai bis Anfang November täglich 10–18 Uhr, Erwachsene 6 €, Kinder je nach Alter 5 € bis 5,50 € 2,50 bis 4,50 €.

Das Besondere: Die ersten beiden Parcours verfügen über ein **KONTINUIERLICHES SICHERUNGSSYSTEM**. Das bedeutet, dass die Kinder hier nicht eigenständig die Karabiner umhängen müssen, um gesichert zu sein, sondern einfach einmal am Start eingehängt werden und dann fortlaufend in der Sicherung sind, ohne dass sich die Eltern sorgen müssen. So bleibt mehr Zeit, um sich auf den Parcours zu konzentrieren. Auch bei der Ausrüstung der Erwachsenen steht die Sicherheit im Vordergrund: Dank des schlauen Systems lassen sich niemals beide Karabiner gleichzeitig öffnen.

Da darf vor Freude gejubelt werden – rasante Abfahrt.

Skiflugschanze Oberstdorf 20

Tiefblicke vom Schanzentisch

Einmal da oben stehen, wo die Skiflieger hinabblicken, bevor sie sich in die Tiefe stürzen. Ein Besuch der Heini-Klopfer-Skiflugschanze im Stillachtal, südlich von Oberstdorf, bleibt in eindrucksvoller Erinnerung.

Hier dürfen nur die Profis ran, Zuschauen aber erwünscht.

»Ziiiiiiiiiiiiiiiiiiiiiiieh!« Wer an der Aussichtsplattform auf dem Schanzenturm der Heini-Klopfer-Skiflugschanze steht, hört fast die Massen im Tal frenetisch jubeln. Diese Schanze ist ein Ort der Rekorde, den aktuellen von 2009 hält mit 225,5 Metern der Finne Harri Olli. Wie es ihm und seinen Kollegen ergeht, können Besucher hier nachfühlen. Wie die Weltelite der Skiflieger fahren sie mit dem Fahrstuhl hinauf. Der Blick folgt der 139 Meter langen Anlaufbahn. Und dann – nichts. Vom Schanzentisch heben die

Ausgangs-/Endpunkt: Heini-Klopfer-Skiflugschanze
Anfahrt: Auf der B 19 Richtung Oberstdorf. Nach der Illerbrücke hinter dem McDonald's im Kreisverkehr die erste Ausfahrt nehmen, dann an der nächsten großen Kreuzung links abbiegen Richtung Fellhornbahn. Der Straße folgen bis zur Ausschilderung Skiflugschanze. Kostenpflichtige Parkplätze gibt es direkt am Auslauf der Schanze.
Öffnungszeiten: Täglich 9.30–16.30 Uhr
Preise: Berg- und Talfahrt mit der Sesselbahn und Turmaufzug Erwachsene 12 €, Kinder 6–12 Jahre 9 €
Einkehr: Direkt am See liegt das Restaurant Naturbad Freibergsee, www.naturbad-freibergsee.de.
Information: www.skiflugschanze-oberstdorf.de

Staunen über so viel Mut der Skiflieger

Sportler mit über 100 km/h ab, fliegen gen Tal und landen mit über 130 km/h.

Das Thema Schwerelosigkeit spiegelt sich auch in der Architektur der Schanze selbst wider. Die VIERTGRÖSSTE SKIFLUGSCHANZE DER WELT ragt hinaus, bietet wunderbare Blicke auf den Freibergsee und die Oberstdorfer Bergwelt. Statisch ist sie ein Wunderkind: 40 Stahlanker waren nötig, um die Konstruktion 14 Meter tief in der Erde zu befestigen. Sie aktivieren das nötige Gegengewicht und sind mit den 40 Stück Spannstählen im Obergut verbunden. Das Gestein aus Flysch mit Granitschichten hat dabei die siebenfache Härte sonstiger Bodenstrukturen. Dafür trägt die formschöne Schanze nun den Spitznamen SCHIEFER TURM VON OBERSTDORF. Ihren offiziellen Namen verdankt sie dem Architekten und Skiflieger Heini Klopfer, der an dieser Stelle 1950 eine Schanze aus Holz konstruierte. Bei seinem ersten Sprung brachte er es allerdings gerade mal auf 90 Meter. Besucher können die Ausblicke auf der Plattform genießen und in der kleinen Fotoausstellung Einblicke in den Wettkampfzirkus erlangen. Auch ein Fliegeranzug samt Ski darf begutachtet und befühlt werden.

BADESPASS

Ein Besuch der Schanze lässt sich prima kombinieren mit einem Ausflug zum Freibergsee. Von der Skiflugschanze führt der Dr.-Reh-Weg zum See mit seinem kristallklaren Wasser, in dem sich die Berge spiegeln. Hier gibt es ein Freibad mit Strandcafé.

Rutsche oder Schaukel? Am besten gleich beides!

HEY KIDS,

den Freibergsee kann man auch mit einem Ruderboot erkunden. Das macht Spaß!

21 Viehscheidzeit

Abschied vom Alpsommer

Wenn Kühe und Hirten nach etwa 100 Tagen Sommer auf den Alpen wieder ins Tal zurückkehren, ist das ein riesiges Spektakel. An einigen Orten noch ganz ursprünglich und traditionell, an anderen mit einer riesigen Sause. Sehenswert ist der Viehscheid allemal.

Mitte bis Ende September wird es laut im Allgäu. Dann kehren Tausende Kühe von den hoch gelegenen Alpen, auf denen sie den Sommer verbracht haben, zurück in die Täler. Schon von Weitem sind die Herden zu hören, die teilweise schmuckvollen Schellen, die die Tiere um den Hals tragen, kündigen sie an. Von der Sonne gebräunt, mit strammen Waden kehren auch ihre Hirten mit ihnen aus den Bergen zurück. Fesch in Lederhosen, mit frischem weißem Hemd und Hut, treiben sie stolz die Tiere hinab. Wenn der Sommer glücklich verlaufen ist, kein Tier durch Krankheit, Steinschlag oder Unwetter zu Schaden gekommen ist,

VIEHSCHEIDMÄRKTE

Zu einigen Viehscheidplätzen gehört auch ein Markt. Hier werden allerlei nützliche und weniger nützliche Dinge aus dem Allgäu verkauft. Die traditionellen Ledergürtel mit Beschlägen, geflochtene Körbe für Feuerholz und natürlich Käse und Wurst. Sehr abwechslungsreich ist zum Beispiel der Viehscheidmarkt in Bad Hindelang. Ausreichend Bargeld mitnehmen!

Ausgangs-/Endpunkt: Am meisten los ist direkt unten an den Scheidplätzen. Schön ist es, wenn man den Herden und Hirten ein Stück entgegengeht und sie auf dem Weg in die Dörfer begleitet.
Anfahrt: Bei den großen Veranstaltungen wie in Gunzesried oder Oberstdorf stehen ausreichend Parkplätze zur Verfügung. Zu den kleineren (z. B. Schöllang) unbedingt mit dem Rad oder zu Fuß anreisen.
Information: Die gesamten Viehscheidtermine für das Allgäu stehen langfristig fest und werden u. a. im Internet unter www.allgaeu-viehscheid.de bekannt gegeben.

Fesches Madl mit genauso feschen Verehrern

werden die Kühe prächtig geschmückt. Allen voran das KRANZRIND. Im aufwendigen Blumenschmuck sind u. a. Spiegel eingebaut, die böse Geister vertreiben sollen. Am sogenannten SCHEIDPLATZ warten dann schon die Landwirte, die ihr Vieh den Sommer über einer Alpgenossenschaft anvertraut haben und nun wieder aus der Herde aussortieren und in den heimischen Stall fahren.

Diese Sommer auf den Bergwiesen haben im Allgäu eine lange Tradition. Während auf den Senn-Alpen Milchkühe »urlauben«, deren Milch vor Ort zu Käse und Butter verarbeitet wird, tummelt sich auf den Galt-Alpen das Jungvieh. Manchmal werden einzelne Kühe mit hochgetrieben, die den Hirten versorgen. Für die Tiere ist der Alpsommer Erholung pur, aber auch ein echtes Fitnessprogramm. Wohlgenährt und mit kräftigen Muskeln und Sehnen kehren sie danach ins Tal zurück.

Doch auch wenn bei der VIEHSCHEID etwas Wehmut in der Luft liegt, weil sich der Sommer dem Ende zuneigt, es wird ordentlich gefeiert. Schließlich sind Hirten, Landwirte und auch Gäste glücklich, dass alle wohlauf sind. Und so stehen an vielen Viehscheidplätzen große Festzelte, in denen die Musik dröhnt, das Bier fließt und ausgelassen getanzt wird.

Mit Blumen geschmückte Leitkuh beim traditionellen Viehscheid im Herbst

Ausflug zur Breitachklamm 22

Durch die tiefste Felsenschlucht Mitteleuropas

Für eine alte Dame mit über 10 000 Jahren auf dem Buckel macht die Breitachklamm noch immer ganz schön was her. Am besten lässt sich die faszinierende Welt dieser Schlucht auf einer Rundwanderung entdecken.

Vom Parkplatz aus geht es zunächst vorbei am Gasthaus Breitachklamm und zur Kasse im Tal. Nun tauchen die Besucher ein in die Welt der tiefsten Felsenschlucht Mitteleuropas. Sie spüren die Kraft des Wassers, hören das Rauschen der Elemente, bestaunen die ausgeschliffenen Wassermulden und Stromschnellen und fühlen die Gischt auf der Haut. Die Schlucht ist zu jeder Jahreszeit einen Ausflug wert. Auch und gerade bei Regen. Denn je mehr Wasser die BREITACH führt, umso imposanter ist das Erlebnis in der engen Schlucht. Bei so viel Naturschönheit kann man kurz in Gedanken ein kleines Dankeschön an Pfarrer Johannes Schiebel schicken. Auf dessen Anregung hin wurde das »Schöpfungswunder« im Jahre 1905 zugänglich gemacht. Heute zieht die Klamm rund 300 000 Besucher pro Jahr in ihren Bann.

HEY KIDS, schaut nicht immer nur nach unten! Auch oben gibt's hier viel zu entdecken. Seht ihr das Gesicht im Fels?

Dem gut befestigten Weg folgt man weiter bis zur Kasse Berg, verlässt hier aber noch nicht die Klamm, sondern geht weiter der Breitach nach. Den

Ausgangs-/Endpunkt: Parkplatz Breitachklamm bei Mittwänden
Anfahrt: Auf der B 19 Richtung Oberstdorf, dann rechts abbiegen Richtung Tiefenbach. Von hier aus der Beschilderung Richtung Breitachklamm folgen
Öffnungszeiten: Täglich 9–17.30 Uhr, letzter Einlass 17 Uhr, Winter 9–16.30 Uhr
Preise: Erwachsene 5 €, Kinder 2 €
Ausrüstung: Festes Schuhwerk ist von Vorteil.
Einkehr: Alpe Dornach, Sesselweg 16, 87561 Oberstdorf, www.alpe-dornach.de
Information: Breitachklamm, Tel. 08322/48 87, www.breitachklamm.de

Gespenstisch und atemberaubend schön zugleich – die Breitachklamm verzaubert auch im Winter ihre Besucher.

Weg links zur Waserschanz ignoriert man, hält sich rechts und überquert den Fluss. Nun geht es recht steil über einen Pfad durch den Wald. Dieser endet an einer Asphaltstraße. Dieser folgt man nach rechts, wenige Minuten später liegt die ALPE DORNACH am Weg. Hier lässt es sich prächtig einkehren. Und während sich die Erwachsenen über die feine Speisekarte freuen, toben die Kids auf dem Spielplatz nebenan. Nach der Stärkung folgt man noch ein Stück weit der Straße. Dann kann man entweder rechts auf einen Steig abbiegen (schöner und kürzer, aber steiler) oder dem Fahrweg in einem Bogen weiter folgen, bis man wieder am Parkplatz steht.

Spannende Wanderung mit überraschenden Aus- und Einblicken

23 Tour zum Rubihorn

Der erste »richtige« Berg vor den Größen des Hauptkamms

Die Silberdistel steht unter Naturschutz – daher: pflücken verboten!

1957 Meter zeigt das Gipfelkreuz am Rubihorn. Eine lange, abwechslungsreiche Wandertour, die allerdings eher für ältere Kinder geeignet ist, führt hinauf auf den markanten Berg.

Wer aus Niedersachsen, Mecklenburg-Vorpommern oder Schleswig-Holstein anreist, der legt schon mal bewundernd den Kopf in den Nacken. Ziemlich weit nach hinten muss man ihn neigen, um vom Tal aus den höchsten Punkt des RUBIHORNS zu erblicken. »Da ganz hoch sollen wir gehen?« Nicht immer erntet

Ausgangs-/Endpunkt: Wanderparkplatz in Reichenbach
Anfahrt: Von Oberstdorf über die OA 4 zunächst nach Rubi und dann weiter ins kleine Reichenbach. Nach dem Ortseingang rechts hinauf zum ausgeschilderten Parkplatz. Von Sonthofen aus führt der Weg über Altstätten und Schöllang.
Öffnungszeiten: Die Untere Richteralpe (auch Gaisalpe genannt) ist von Anfang Mai bis Ende Oktober geöffnet, Mo und Di Ruhetag. Das Café Breitenberg hat von 8–21 Uhr geöffnet, Do Ruhetag.
Gehzeit: Für Auf- und Abstieg müssen etwa 6–7 Std. reine Gehzeit eingeplant werden. Hinzu kommen die Pausen. Somit ist die Tour aufs Rubihorn nur etwas für konditionsstarke Familien. Zudem sollte man möglichst früh am Morgen starten, um ausreichend Zeitpuffer zu haben. Die Tour ist bis zum Gaisalpsee recht einfach (das wäre dann ein verkürzter Wandervorschlag), im oberen Teil dann mittelschwer. Trittsicherheit und Schwindelfreiheit sind absolut notwendig.
Ausrüstung: Gute Wanderschuhe, Regenjacken, Sonnenschutz, etwas Warmes für die Gipfelrast, ausreichend Getränke und Snacks
Einkehr: Untere Richteralpe und Café Breitenberg
Information: Tourismus Oberstdorf, Prinzregentenplatz 1, 87561 Oberstdorf, Tel. 08322/7000

man für den Vorschlag, diesen Berg östlich von Oberstdorf zu erklimmen, direkt Beifall. Aber die Mühen lohnen sich!
Vom kostenpflichtigen Parkplatz in Reichenbach bei Oberstdorf geht es zunächst auf einer Teerstraße in den Wald hinein. Nach etwa 10 Minuten

Spieglein, Spieglein an der Wand, wer ist der schönste See im Land?

führt von der Straße, die eine Rechtskurve macht, geradeaus ein kleiner Waldpfad weiter. Beide Wege führen nach oben, aber der durch den **TOBELWEG** ist der deutlich schönere. Es geht über Stege und Treppen immer am plätschernden Bach entlang. Nach dem Wald führt der Weg über die Untere Richteralpe, eine sehr gemütliche Einkehrmöglichkeit, weiter empor.
Bis zum Unteren **GAISALPSEE** geht es immer wieder über einige kurze felsige Passagen, die aber mit Drahtseilen gesichert sind. Der See selbst liegt absolut malerisch am Fuße des Rubihorns – der perfekte Punkt

HEY KIDS,
seid ihr hart im Nehmen? Dann packt die Badehose ein und schwimmt eine Runde im See.

Ausblick vom Rubihorn

für eine ausgiebige Rast. Südlich hinter dem See führt der Weg dann deutlich steiler ansteigend zum Grat zwischen Gaisalphorn und Rubihorn. Dort angekommen, hält man sich rechts für die letzten steilen, etwas ausgesetzten Stellen, bei denen die Hände und Seilversicherungen genutzt werden müssen. Und dann geht es plötzlich schon nicht mehr weiter nach oben: 1957 Meter, willkommen auf dem Rubihorn! Berauschende Aus- und Tiefblicke sind der Dank für Schweiß auf der Stirn und pumpende Herzchen. Grünten, Hochvogel, Hoher Ifen, Großer Widderstein: Alle stehen sie da und grüßen herüber. Das Gipfelplateau ist recht groß, hier findet jeder einen Platz zum Rasten. Der Abstieg erfolgt zunächst zurück zum Gratsattel. Am tiefsten Punkt verlassen wir ihn nach rechts und steigen recht steil bergab. Nach etwa

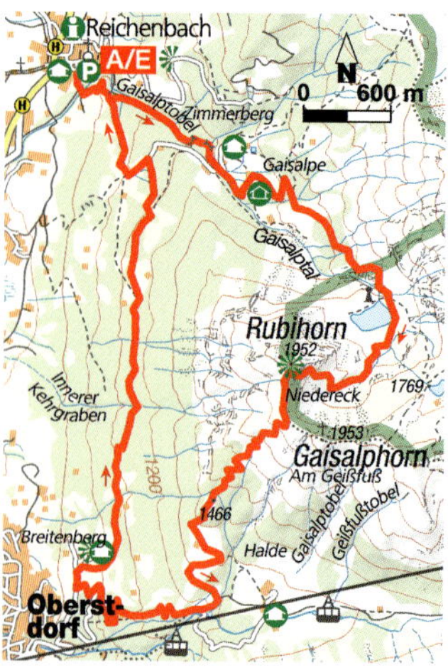

eineinhalb Stunden zweigt der Weg zur **MITTELSTATION SEEALPE** der Nebelhornbahn ab. Wer möchte, kann sich also ab hier den Abstieg verkürzen und mit der Bahn nach Oberstdorf hinunterfahren.

Wer jedoch noch ein wenig Schmalz in den Muckis hat, der bleibt auf dem Weg, der zunächst in Schotter und dann später in Teer übergeht. Dieses kurze Stück ist leider ziemlich eintönig. Doch der Weg wird wieder interessanter beim Abzweig zum **CAFÉ BREITENBERG**. Hier kann man sich schließlich noch mal stärken für den Endspurt über den Wallraffweg zurück nach Reichenbach (etwa eine Stunde ab dem Café).

Sturmannshöhle 24

300 Meter tief unter der Erde 120 Millionen Jahre Geschichte erleben

300 Meter tief unter der Erde, bestens zugänglich, ist die einzige Spalthöhle des Allgäus ein mystisches, ein beeindruckendes Ausflugsziel. Kein Wunder, dass es hier jede Menge Sagen gibt.

Ab geht es in 300 Meter Tiefe.

Wenn im Sommer an den sogenannten Hundstagen kein Getränk mehr kühlen und selbst das Bad im See wenig Erfrischung verschaffen kann, dann gibt es einen Ort im Allgäu, an dem man sich auch bei 35 Grad Außentemperatur über einen Pullover freut: DIE STURMANNS-

Ausgangs-/Endpunkt: Sturmannshöhle
Anfahrt: Auf der B 19 Richtung Oberstdorf. In Fischen die Abzweigung nach Obermaiselstein nehmen. Da am Höhleneingang nur wenige Parkplätze zur Verfügung stehen, ist der kostenlose Parkplatz am Haus des Gastes eine gute Alternative. Von dort am Feuerwehrhaus vorbei, nach etwa 100 Metern dem Wegweiser nach links folgen. Die schmale Asphaltstraße führt bis zum Kassenkiosk. Gehzeit etwa 30 Min.
Öffnungszeiten: Führungen durch die Höhle starten von Mai bis November stündlich ab 9.30 Uhr, genaue Zeiten auf der unten genannten Homepage.
Preise: Erwachsene 5 €, Kinder 6–14 Jahre 3 €, Kinder bis 5 Jahre sind frei
Ausrüstung: Festes Schuhwerk ist empfehlenswert. Außerdem ist die enge Höhle nicht geeignet für größere Rucksäcke oder Kindertragen. Tiere dürfen nicht mitgebracht werden.
Einkehr: Direkt am Parkplatz am Eingang zur Höhle liegt das Höhlenstüble.
Information: Tourismus Hörnerdörfer GmbH, Geschäftsstelle Obermaiselstein, Am Scheid 18, 87538 Obermaiselstein, Tel. 08326/277, www.obermaiselstein.de

Stufe für Stufe 120 Millionen Jahre Erdgeschichte entdecken

HÖHLE. Hier hat es das ganze Jahr über konstant 8 Grad – und wenig Licht. Und so überkommt einen doch kurz ein leicht mulmiges Gefühl, Stufe für Stufe unter die Erdoberfläche absteigend. Über 180 sichere Stufen geht es vorbei an 120 Millionen Jahre alten Gesteinsformen. Wie es sich für eine echte Höhle gehört, tragen die markanten Stellen hier so hübsche Namen wie DAS DRACHENTOR. Ein solcher Drache soll hier auch einst gehaust und neugierige Bürger vom Eindringen in die dunkle Unterwelt abgehalten haben. Erst um 1904 soll es einer Gruppe Obermaiselsteiner gelungen sein, in das Innere der Höhle zu gelangen.

Besucher heute haben es da deutlich bequemer. Sie können mit festem Schuhwerk einfach die Stufen immer weiter hinabsteigen, bis sie im untersten Stockwerk der Höhle ankommen: am gurgelnden, tosenden Höhlenbach. Führungen durch die Höhle dauern etwa 40 Minuten, und danach kann man wieder erfrischt in die helle Sommersonne blinzeln.

Vielleicht liegt in der Höhle ein richtiger Schatz.

OBERMAISELSTEINER SAGENWEG

Wer etwas mehr Zeit mitbringt, sollte unbedingt auf dem Obermaiselsteiner Sagenweg zur Höhle wandern. Dieser beginnt an der Engstelle zwischen Obermaiselstein und Tiefenbach, dem sogenannten Hirschsprung. Auf dem Weg begegnet man u. a. dem Venedigermännle, das seinen Dank in Gold ausdrückte, den vier Wilden Fräulein und der Sage um den Schatz im Sturmannsloch. Vom Tourismusamt Obermaiselstein werden auch Führungen mit dem Sagenerzähler angeboten. Da es am Startplatz der Wanderung kaum Parkplätze gibt, lohnt die Anreise mit dem Bus, der genau am Hirschsprung hält.

25 Inselsee Blaichach

Wasservergnügen für Groß und Klein

Herrliches Freizeitparadies für Groß und Klein

Am Inselsee ist allerlei los. Wer nicht nur faul in der Sonne liegen möchte, kann hier baden, Wasserski fahren oder wakeboarden – und noch vieles mehr.

Zwischen Immenstadt und Blaichach liegt ein kleines Freizeiteldorado, das bei Einheimischen und Gästen gleichermaßen beliebt ist: DER INSELSEE BLAICHACH. Gerade für

Ausgangs-/Endpunkt: Inselsee Blaichach
Anfahrt: Auf der B 308 Richtung Immenstadt. In Immenstadt am ersten Kreisverkehr die zweite Ausfahrt nehmen. Am zweiten Kreisverkehr (beim Bau V-Markt) die zweite Ausfahrt zum Wasserskilift nehmen. Auch eine Anreise mit dem Zug ist möglich. Bis Blaichach fahren, dann über den Illerdamm-Wanderweg in etwa 10 Min. zum Inselsee gehen
Öffnungszeiten: Der Lift ist täglich von 12–19 Uhr für den öffentlichen Lauf geöffnet. Liftmieten sind täglich von 8–12 Uhr und von 19–21 Uhr an beiden Liften möglich.
Preise: Der Eintritt zum Badebereich ist kostenlos. Für die Nutzung der Lifte gibt es verschiedene Möglichkeiten von Punktekarten, die pro Start abgerechnet werden (20 Punkte 35 €), bis zu Zeitkarten (Stunden/Tag/Woche/Saison). Jugendliche bis 17 Jahre zahlen für eine Stunde 16 €, für zwei Stunden 22 €.
Ausrüstung: Badesachen mitbringen. Vor Ort können dann Neoprenanzug (bis 2 Std. 8 €), Wakeboard oder Wasserski (bis 2 Std. 15 €), Schwimmweste und Helm (beides kostenlos) geliehen werden.
Einkehr: Im Café Inselsee gibt's hausgemachte Kuchen und z. B. einen leckeren Insel-Burger. Von den Sitzplätzen aus lässt sich das Treiben auf dem See bestens verfolgen.
Information: Café Inselsee, Am Inselsee 4, 87544 Blaichach, Tel. 08323/989 69 10, www.inselsee-allgaeu.de

Auf Wakeboards über das Wasser flitzen

Familien wird hier allerlei geboten. Während die Eltern auf der Liegewiese endlich mal wieder Zeit zum Sonnen und Lesen finden, toben die Kleinsten auf dem Spielplatz umher. Die größeren Kids treffen sich auf eine Partie Beachvolleyball am Feld oder schwimmen in einem der zwei Badeseen.

Doch die eigentliche Attraktion des Inselsees sind die mutigen Jungs und Mädels, die sich auf die Bretter wagen: Auf **WAKEBOARDS ODER WASSERSKI**. Gezogen von einem der Lifte ziehen sie ihre Runden über den See. Fortgeschrittene springen über die Hindernisse, wirbeln durch die Luft und lassen elegant das Wasser aufspritzen. Bei Anfängern sieht das alles nicht ganz so elegant aus. Doch dank der Tipps des Inselsee-Teams sind schnell Erfolge zu verzeichnen, und immer wieder schallen Jubelschreie über den See, wenn es

> **ANREISE MIT DEM RAD**
> Auch wenn es direkt an der Anlage Parkplätze gibt: Am schönsten kommt man zum Inselsee mit dem Fahrrad. Direkt an der Iller entlang führt der Radweg aus Richtung Immenstadt und Sonthofen zum See.

Wasserski fahren ist so cool!

wieder jemand zum ersten Mal geschafft hat, eine ganze Runde auf den Ski stehen zu bleiben, ohne eine Bruchlandung im See zu machen. Wer es von Anfang an richtig lernen will, meldet sich zu einem der Anfängerkurse an, die vor allem in den Ferien mehrmals in der Woche starten.
Auch wenn es direkt an der Anlage Parkplätze gibt: Am schönsten kommt man zum Inselsee mit dem Radl. Direkt an der Iller entlang führt der Radweg aus Richtung Immenstadt und Sonthofen zum See.

Rafting auf der Iller 26

Das Allgäu vom Wasser aus entdecken

Wildwasser-Action, Freudenschreie, Adrenalin-Stöße und ein gelungener Tag mit Freunden und Familie sind garantiert beim Rafting auf der Iller.

Die Iller ist ständiger Begleiter für Urlauber im Allgäu. Immer wieder sieht und hört man den Fluss, der aus BREITACH, STILLACH UND TRETTACH bei Oberstdorf entspringt und 147 Kilometer später in die Donau mündet. Ihr Name soll sich vom lateinischen hilaris, was so viel wie

HEY KIDS,
es gibt einen Merkspruch zur Iller, der lautet: »Iller, Lech, Isar, Inn fließen rechts zur Donau hin. Altmühl, Naab und Regen fließen links entgegen.«

Ausgangs-/Endpunkt: Treffpunkt für alle Touren, sofern nicht anders vereinbart, ist die Rafting-Station, Illerstraße 26, 87544 Bihlerdorf.
Anfahrt: Auf der B 19 nach Süden in Richtung Oberstdorf bis zur Ausfahrt Blaichach, dann der OA 5 durch Immenstadt nach Blaichach und Sonthofen folgen. Kurz nach Blaichach vorbei am Ortsschild Bihlerdorf und der Illerstraße weiter folgen. Auf der rechten Seite gegenüber dem Autohaus befindet sich die Gaststätte zum Schiff (gelbes Gebäude), in der sich auch die Rafting-Station befindet.
Öffnungszeiten: Die Touren finden täglich statt, eine Anmeldung ist unbedingt erforderlich.
Preise: Die Familien-Tour kostet inkl. Material, Einweisung, Guide und Fotos 45 € für Erwachsene und 33 € für Kinder. Kosten für die Canadier-Tour inklusive Fotos: Erwachsene 49 €, Kinder 39 €
Ausrüstung: Selbst mitbringen sollte man auf jeden Fall Badebekleidung und falls vorhanden ein paar Turnschuhe, die bei der Tour getragen werden und danach nass sind. Im Sommer Sonnencreme und im Frühjahr und Herbst warme Klamotten für hinterher. Neoprenanzug, Schwimmweste und Helm werden vom Veranstalter gestellt.
Einkehr: Bei einigen der Touren wird im Inselcafé in Blaichach eingekehrt.
Information: Canyoning und Rafting Allgäu, Berger Steige 1, 87538 Fischen im Allgäu, Tel. 0163/270 69 27, www.map-erlebnis.de

Bootsrafting auf der wilden Iller

Geschafft, super war's, da wollen wir morgen gleich wieder los!

freundlich bedeutet, ableiten. Das trifft nicht immer auf ihren Lauf zu, schließlich ist die Iller ein wilder Bergfluss, aber sicherlich auf den Spaß, den man auf ihr haben kann.

Etwa beim Familien-Rafting. Im großen **RAFTING-BOOT**, bei dem keine Gefahr besteht, dass es kippen könnte, dürfen auch schon Kids ab 6 Jahren in Begleitung eines Erwachsenen Platz nehmen. Die Stromschnellen, die auf dieser Strecke befahren werden, sind gemäßigt, und nie-

Hier bin ich Kapitän!

mand wird aus dem Boot geworfen. Trotzdem gehört Wasserkontakt natürlich zum Rafting dazu! Und so steigen Guide und Gäste an einer Stelle aus dem Boot und lassen sich von den Stromschnellen treiben – eine Super-Sommer-Gaudi! In der warmen Jahreszeit ist das Wasser herrlich erfrischend. Frieren muss niemand, schließlich gehören Neoprenanzug, Schwimmweste und Helm zur Ausrüstung. »Die Tour ist wirklich für die gesamte Familie geeignet«, so Rafting-Guide und Firmeninhaber Jonas Hierholzer. »Unser ältester Teilnehmer war 80 Jahre alt.« Und so steigen neun Kilometer flussabwärts bei Immenstadt lauter grinsende, nasse Menschen aus dem Boot.

Spritziger geht's bei den CANADIER RAFTING-TOUREN zu. Die kleineren Boote, in denen zwei bis drei Personen Platz finden, müssen selbst gesteuert werden. Ein Guide begleitet die Tour im Kajak und passt auf, dass alles rundläuft. Die ideale Iller-Tour für Familien mit größeren Kindern ab 8 Jahren. Vorkenntnisse sind auch bei dieser Tour, die je nach Wasserstand über viele Stromschnellen und Wildwasser Stufe 2 führt, nicht nötig.

27 Unterwegs am Iseler

Besuch im Indianerdorf

Spuren lesen, Kräuter sammeln, Bogenschießen – im Indianerdorf am Iseler gibt es allerlei zu erleben. Und natürlich darf ein Lagerfeuer zum Schluss nicht fehlen.

Aufgeregt knien die Kinder am lehmigen Pfad, drücken sich fast die Nasen am Boden platt. Sie tasten vorsichtig mit den Fingern, überlegen angestrengt. »Vielleicht ein Reh?« »Oder ein Fuchs?« Letztlich war es ein Hase, der hier seinen Fußabdruck hinterlassen hat. Aber Spurenlesen ist eben auch gar nicht so einfach.

Mit Kriegsbemalung und Federschmuck geht es vom Tipi zum Wildbach – Goldsuche ist angesagt. Mühsam wird das Wasser gefiltert, werden die Kiesel gewaschen. Und schon bald ruft der erste kleine Indianer entzückt: »Ich hab Gold gefunden! Ich hab Gold gefunden!« Im Indianerdorf am Iseler vergeht die Zeit wie im Flug. So ein Indianerleben ist halt ziemlich aufregend und ausgefüllt. Da müssen Kräuter für die Heilsalbe gesammelt

Ausgangs-/Endpunkt: Indianerdorf, Gundstraße 9 ½, Oberjoch
Anfahrt: Von Sonthofen aus geht es zunächst Richtung Hindelang, dann über den kurvigen Oberjochpass bis nach Oberjoch. Die Iselerbahn und das Indianerdorf liegen direkt auf der rechten Seite.
Öffnungszeiten: Jeden Dienstag von Mai bis Oktober nach Voranmeldung ab 6 Kindern. Gruppen täglich nach Vereinbarung. Treffpunkt um 9.30 Uhr. Der Wildnistag dauert etwa vier bis sechs Stunden.
Preise: Kinder bis 15 Jahre 29 €, Erwachsene als Begleitung 15 €, ab 3. Kind einer Familie 15 €, Gruppenermäßigung ab 10 Kindern, Kinder unter 6 Jahren nur in Begleitung eines Erwachsenen
Ausrüstung: Festes Schuhwerk und Anziehsachen zum Toben
Einkehr: Wenn das Wetter es zulässt, gibt's ein Lagerfeuer. Ansonsten kann man gemütlich draußen im Biergarten oder in der urigen Stube der Moorhütte essen. Die liegt ein Stück weiter die Straße runter Richtung Tannheimer Tal auf der linken Seite.
Information: Bergindianer, Thomas Heckelmiller, Passstraße 16, 87541 Bad Hindelang, Tel. 08324/73 99, www.bergindianer.de

Keine Bange, der Marterpfahl im Indianerdorf ist nur Dekoration.

werden (die dürfen die Kinder später mit nach Hause nehmen), der Federschmuck muss gebastelt werden, schließlich will man die Feinde beeindrucken. Und wie bekommt man eigentlich das große Feuer an, so ganz ohne Feuerzeug oder Streichhölzer? Am Ende des Tages sitzen dann alle Krieger und Squaws mit roten Wangen und glücklichem Lächeln bei einer Grillwurst und Stockbrot ums wärmende Feuer. »Bergindianer-Häuptling« und Gründer Thomas Heckelmiller erzählt von der Naturerfahrung: »Sie funktioniert ohne jegliche Hinweise oder Belehrungen. Die Kinder kommen

KOCHEN IN DER MOORHÜTTE

In der Moorhütte gibt es eine Wildkochschule. An mehreren Terminen pro Jahr lernen Sie von Küchenchef Dirk Harnischmacher, wie man Wild schmackhaft zubereitet. Natürlich werden die Gerichte dann auch gemeinsam genossen. Im Winter gibt es Kombinationen aus Langlauf und Kochschule. Weitere Infos findet man unter www.moor-huette.de.

Echte Indianer und Squaws treffen sich am Lagerfeuer.

mit den Elementen Wasser, Feuer, Erde und Luft zusammen. Sie riechen, schmecken, hören, fühlen und tasten sich durch die Natur. Und alles mit SPASS GEMEINSAM IN EINER GRUPPE. Sie müssen beratschlagen, wie man eine Brücke baut, sammeln Kräuter und kochen im Kessel über dem Feuer eine Heilsalbe. Sie werden dreckig und nass, und es macht ihnen gar nichts aus. Die Natur, die ich früher versucht habe, in Worte zu fassen, zu erklären und zu lehren, erfahren die Teilnehmer, ohne dass ich auch nur ein einziges Wort sagen muss. Das ist doch großartig!«

Nachwuchsindianer auf der Pirsch

Kutschenmuseum Hinterstein und Prinze Gumpe 28

Ein skurriles Museum und ein prinzliches Bad

Erst mal eintauchen in eine Welt voller Fantasie, dann abtauchen im schönen Bergschwimmbad Prinze Gumpe. Ein wunderbarer Ausflug ins ursprüngliche Dorf Hinterstein.

Heute erleben wir eine fantastische Märchenwelt.

Vielleicht ist es das merkwürdigste Museum der Welt. Auf jeden Fall ist es eins der skurrilsten. Martin Weber hat im Dorf Hinterstein eine Welt aus Brauchtum und Fantasie geschaffen. Im Garten klimpern einige Windspiele, eine mit

Ausgangs-/Endpunkt: Kutschenmuseum Hinterstein / Prinze Gumpe, Auf dem Buck 6
Anfahrt: Auf der A 7 von Norden an Kempten vorbei bis zum Dreieck Allgäu fahren. Dort auf die B 19 Richtung Hindelang. Kurz vor Hindelang am Kreisverkehr rechts in Richtung Hinterstein, durch das Dorf hindurch, dann an der Kirche rechts halten und der Beschilderung folgen. Das Museum liegt auf der rechten Seite.
Öffnungszeiten: Das Kutschenmuseum hat täglich von 8–20 Uhr geöffnet, die Gumpe ist im Sommer täglich von Sonnenauf- bis Sonnenuntergang geöffnet.
Preise: Zu beiden ist der Eintritt kostenlos.
Einkehr: Direkt an der Prinze Gumpe gibt es das Restaurant/Café Kleiner Prinz, das täglich von 10–23 Uhr geöffnet ist. Schöner Platz, gutes Essen, faire Preise
Information: Gästeinformation Hinterstein, Auf dem Buck 6, 87541 Hinterstein, www.hinterstein.de

Einmalige Traumwelt mit fantasiereicher Dekoration

Die Prinze Gumpe bietet optimalen Badespaß.

Kerzen beleuchtete Grotte wartet auf Besucher. Doch die zieht es meist zunächst in diesen unscheinbaren Holzschuppen. Da soll ein Museum drinstecken? Mit der Tür öffnet sich ein buntes Universum: Schlitten und Kutschen mit lebensgroßen Puppen, am Wegesrand präparierte Wölfe, Füchse, Bären, sogar ein Pferd. Künstlicher Schnee, der die Illusion perfekt macht. Ein alter Leichenwagen aus Böhmen scheint auf seiner letzten Fahrt zu sein. Ein Hochzeitspaar sitzt glücklich in der weißen Kutsche. Zugegeben, hier geht es weniger um Information und Bildung als um Kitsch und Fantasie. Aber wer sich darauf einlässt, der leisen Musik lauscht (Reden ist im Museum verboten) und seine Gedanken auf Reisen schickt, der kann hier bestens abtauchen.

Und wenig später eintauchen – ins kühle, klare Wasser im Naturfreibad **PRINZE GUMPE**. Unweit des Museums haben fleißige Ehrenamtliche dieses Bad mit Wassertretanlage, Armbecken und Schwimmteich zu einem Kleinod umgebaut. Das Wasser kommt aus dem nahen Gebirgsbach, es reinigt sich selbst und sorgt an heißen Tagen für Erfrischung. In einem kleinen Teich unterhalb des Wasserfalls soll schon Luitpold von Bayern gerne geplantscht haben, daher der Name.

29 Wanderung zur Willersalpe

Auf den Spuren der Haflinger

Hinauf in die Vergangenheit – die Wanderung von Hinterstein zur Willersalpe ist eine kleine Zeitreise. Denn auf der Alpe wird noch traditionell gearbeitet. Wichtige Kollegen: Haflinger und Esel.

Beladen mit großen Kisten und Fässern, mit Lebensmitteln und Material zuckeln sie langsam nach oben – die zwei Haflinger und ein Esel. Sie sind unterwegs in einer wichtigen Mission: Die Vierbeiner versorgen die WILLERSALPE AUF 1456 METERN mit allem, was dort oben zum Leben notwendig ist. Außer mit Milch und Käse – die produzieren die Brüder der Sennfamilie Bertele selbst dort oben. Über zwanzig Kühe sind rund um die Alpe im Sommer hier oben. Aus ihrer Milch, die zweimal pro Tag gewonnen wird, stellen die Brüder in der eigenen Sennerei Bergkäse her. Schon allein dafür lohnt der Weg von HINTERSTEIN hinauf in diese Hochmulde über dem Ostrachtal. Während der Alpenverein viele seiner Hütten immer weiter modernisiert, scheint auf der Willersalpe die Zeit stehen geblieben zu sein. Hier wird naturnahe und traditionelle Almwirtschaft betrieben.

Ausgangs-/Endpunkt: Wanderparkplatz Hinterstein
Anfahrt: Auf der A 7 von Norden an Kempten vorbei bis zum Dreieck Allgäu fahren. Dort auf die B 19 Richtung Hindelang. Kurz vor Hindelang am Kreisverkehr rechts in Richtung Hinterstein, durch das Dorf hindurch bis zum Parkplatz am Ende der öffentlichen Straße
Öffnungszeiten: Die Willersalpe ist von Mai bis Anfang November bewirtschaftet.
Ausrüstung: Wanderausrüstung mit festem Schuhwerk. Im Sommer Sonnenschutz, und Regenkleidung schadet auch nie.
Einkehr: Willersalpe, Tel. 0171/993 98 47
Information: Gästeinformation Hinterstein, Auf dem Buck 6, 87541 Hinterstein, www.hinterstein.de

Auf der Willersalpe scheint die Zeit stehengeblieben zu sein.

Die gemütliche Wanderung zur Alpe startet im Dorf Hinterstein. Ganz am Ende des Dorfes befindet sich der kostenpflichtige Wanderparkplatz. Von hier folgt man dem Weg 423 Richtung Willersalpe. Zunächst geht es gemächlich ansteigend über freies Gelände, dann wird es im Wald langsam etwas steiler, bis nach etwa 90 Minuten wieder freies Wiesengelände und bald darauf die urige Willersalpe erreicht wird. Hier kann man zur

HEY KIDS,
wollt ihr selbst mal Hammer und Nägel schmieden? Das geht in Bad Oberdorf in den alten Schmieden.

Ein stolzer Hahn begrüßt die Gäste auf der Alpe.

Brotzeit auf der Terrasse oder in der Stube einkehren. Wer länger bleiben will und die Alpe als Ausgangspunkt für Touren z. B. auf Rohnenspitze oder Ponten nutzen möchte, kann im Matratzenlager schlummern (Platz für 30 Personen).

Konditionsstarke Wanderer laufen von der Alpe aus weiter über Ponten, Bschießer und Zipfelsalpe zurück nach Hinterstein. Die Tour dauert allerdings mindestens sechs Stunden, führt über 14 Kilometer und fast 1600 Höhenmeter. Alle anderen gehen auf demselben Weg zurück, können aber an einer Abzweigung, kurz nachdem der WILLERSBACH das zweite Mal gequert wurde, auch rechtsherum gehen. Allerdings ist der Weg hinunter nach Hinterstein am Ende deutlich steiler und führt in Serpentinen und Stufen hinab zum Dorf. Dort angekommen hält man sich dann links, um zurück zum Parkplatz zu gelangen.

Alles selbst gemacht – so schmeckt die Alpe.

Abtauchen im CamboMare 30

Erlebnisbad für die ganze Familie

Während der Nachwuchs auf Rutschen und durch Wasserspiele tollt, können die Eltern einfach mal die Seele in der Sauna oder im Wellnessbereich baumeln lassen. Und am Ende des Tages? Sind alle glücklich!

Ab geht es auf die lustige Rutsche im CamboMare.

Still ist es im Auto auf dem Heimweg. Auf der Rückbank: zwei zufrieden schlummernde Kinder, die wahrscheinlich gerade von rasanten Rutschpartien und Wasserschlachten träumen. Tatsächlich scheint das ERLEBNISBAD IN KEMPTEN alle glücklich zu machen. Für die Minis gibt es einen 51 Quadratmeter großen Kleinkinderbereich mit Rutsche, Wasserspeier, Schiffchenkanal und jeder Menge

Ausgangs-/Endpunkt: CamboMare
Anfahrt: Auf der B 19 nach Kempten, dort abbiegen auf den Heussring Richtung Wiggensbach/Buchenberg und rechts in den Aybühlweg
Öffnungszeiten: Badewelt und Sauna im Sommer Mo bis Fr 10–22 Uhr, Sa, So und Feiertage 9–21 Uhr, am besten vorab über die Homepage informieren
Preise: Badewelt Erwachsene ab 9,50 € für 2 Std. bis 12 € für die Tageskarte, Kinder 5–15 Jahre 5 € für 2 Std. bis 7 € für die Tageskarte. Kinder unter 5 Jahren sind frei. Kombi-Ticket Saunawelt und Badewelt Erwachsene 19 € für 3 Stunden bzw. 24 € für die Tageskarte, Kinder 16,50 € für 3 Stunden bzw. 19,60 € für die Tageskarte
Einkehr: Im Schwimmbad gibt es verschiedene Restaurants.
Information: CamboMare, Aybühlweg 58, 87439 Kempten, Tel. 0831/58 12 10, www.cambomare.de

Wasserspielzeug. Die Eltern interessieren vielleicht auch noch die Kinderwagenplätze und die Familienumkleiden mit Wickeltischen.

Der ganze Spielplatz – ein großes Abenteuer

Oben: An Familientagen gibt's oft günstige Tarife.

Die Größeren stürzen sich immer und immer wieder mit nicht enden wollender Begeisterung die 92 Meter lange BLACK-HOLE-RUTSCHE mit Licht und Soundeffekten hinunter. Oder zur Abwechslung doch lieber die Reifenrutsche? In der Schwimmlagune sorgen ein Strömungskanal, ein großer Wasserpilz, Sprudelliegen, Wand- und Fußmassagedüsen für lockere Muskeln. Erst noch eine Runde durchs 32 °C warme Außenbecken oder einige sportliche Bahnen im 25-Meter-Wettkampfbecken, und dann lockt die maximale Entspannung: DIE SAUNAWELT. Ob Baum-, Schwarten-, Kräuter- oder Rauchsauna, bei acht verschiedenen Saunen wird garantiert jeder fündig. Wer noch mehr Entspannung braucht, gönnt sich eine Massage. Im Sommer können Besucher kostenfrei ins Freibad hinüberwechseln.

Rasante Abfahrt auf der 92 Meter langen Black-Hole-Rutsche

31 Auf Kommissar Kluftingers Spuren

Einblicke ins mörderisch-spannende Allgäu

Heiße Spuren an unheimlichen Orten führen zum Mörder.

»Liegt ein Toter in der Gülle, ist es aus mit der Idylle.« Nicht immer geht es im Allgäu so beschaulich zu, wie die malerische Landschaft vermuten lässt. In den Büchern rund um den kauzigen Kommissar Kluftinger zeigt sich das Allgäu von seiner düsteren Seite. Eine Spurensuche.

Ob im beschaulichen Altusried, in dem die Welt noch in Ordnung zu sein scheint, in der Sennerei Böserscheidegg, in dem sich duftender Bergkäse Zeit zum Reifen nimmt, oder in der RESIDENZ IN KEMPTEN: Überall hinterlässt dieser KOMMISSAR KLUFTINGER seine

Ausgangs-/Endpunkt: In Kempten z. B. vor dem Eingang Fürstensaal an der Westseite der Residenz
Anfahrt: Kempten liegt direkt an der A 7, Parkplätze gibt es ausreichend im Innenstadtbereich.
Termine: Jeden 1. Freitag eines Monats (Mai bis Oktober)
Preise: Erwachsene 7 €, Kinder und Jugendliche bis einschließlich 15 Jahren frei. Tickets gibt es bei der Tourist-Info oder beim Stadtführer. Eine Anmeldung ist erforderlich. Mindestteilnehmerzahl 10 Personen
Einkehr: Bei entsprechender Voranmeldung findet im Anschluss an die Führung ein Kässpatzenessen statt in der Brauereigaststätte Zum Stift, im Restaurant Haus Hochland oder in der Gaststätte Goldene Traube. Kosten: 6,50 € pro Person für Kässpatzen mit einem kleinem Getränk.
Information: Tourist-Info Kempten, Rathausplatz 24, Tel. 0831/252 52 37, www.kempten.de

Der Festspielort Altusried hat eine beeindruckende Freilichtbühne, auf der im Sommer Vorstellungen stattfinden (2016: Robin Hood).

Spuren. »Klufti», wie ihn seine Fans liebevoll nennen, ist ein kleiner Star im Allgäu geworden.

Der Titelheld, geschaffen von den Autoren VOLKER KLÜPFEL UND MICHAEL KOBR, ermittelt als Hauptkommissar der Polizei Kempten in den Kriminalromanen im gesamten Allgäu. Dabei ist er ein untypischer Ermittler. Er mag keine Leichen, dafür aber Kässpatzen. Er hasst technische Neuerungen, hält seinem alten VW Passat aber bedingungslos die Treue. Sein Englisch ist, nun ja, eher ausbaufähig, seine Liebe zu seiner Frau Erika derb, aber herzlich. Er ist ein Tollpatsch, der selten ein Fettnäpfchen auslässt. Doch er kann schnell kombinieren, und so findet er bislang in allen Romanen des Rätsels Lösung. Die Kluftinger-Bücher sind zum Teil bereits verfilmt worden.

Immer mehr Allgäu-Besucher wollen sich auf die Spuren des Kommissars begeben, und so bietet nicht nur seine Heimatgemeinde ALTUSRIED besondere Klufti-Führungen an. Auch in Kempten gibt es zum Beispiel eine gute Krimi-Tour zu den Schauplätzen, bei denen auch Textpassagen zitiert werden.

32 Kempten für Familien

Kultur und Spaß erleben

Auf den Spuren der Römer im Gallorömischen Tempelbezirk

Wer ein wenig Lust auf Stadtflair, Shopping und Kultur hat, ist in Kempten bestens aufgehoben. Am Ufer der Iller gelegen gibt es hier für Familien allerlei zu entdecken.

Kempten ist eine alte Dame. Streng genommen sogar eine der ältesten in Deutschland. Schon in römischen Zeiten wurde die Stadt, die heute etwa 66 000 Einwohner hat, erwähnt. Auf die SPUREN DER RÖMER können sich Familien bei

Ausgangs-/Endpunkt: Parkplätze in der Innenstadt
Anfahrt: Kempten liegt direkt an der A 7, Parkplätze gibt es ausreichend im Innenstadtbereich, ein Parkhaus befindet sich am Einkaufszentrum Forum Kempten.
Öffnungszeiten: Das Kempten-Museum hat täglich außer Mo von 10–18 Uhr geöffnet, der Kletterturm im Engelhalde-Park ist von 9–22 Uhr zugänglich, Kletterausrüstung muss selbst mitgebracht werden.
Preise: Der Eintritt ist frei.
Einkehr: In der Innenstadt gibt es zahlreiche nette Lokale. Ein absoluter Traum für kleine und große Mädchen ist das Café Sissi. Hier gibt's viel Rosa und Pink, jede Menge Kitsch und süße Sünden noch dazu, Mo bis Sa 9–18 Uhr, Rathausplatz 13, www.sissi-kempten.de.
Information: Tourist-Info Kempten, Rathausplatz 24, Tel. 0831/252 52 37, www.kempten.de; www.apc-kempten.de, Tel. 0831/252 53 69; Allgäu-Museum, Tel. 0831/25 25 17 90, www.kempten-museum.de; Kletterturm im Engelhalde-Park, Tel. 0831/209 27

den kostenlosen Führungen von März bis Oktober begeben, die jeden Sonntag ab 11 Uhr von der Kasse der Taberna des Archäologischen Parks Cambodunum starten. Dabei geht es nicht um trockenen Stoff, sondern um den spannenden Alltag zur Zeit der Römer, etwa darum, wie vor 2000 Jahren ein Hallenbad aussah.

Der hübsche Marktplatz ist beliebter Treffpunkt für Jung und Alt.

BADEN IM BACHTELWEIHER

Bei gutem Wetter findet man direkt im Osten von Kempten einen kleinen Weiher für eine schnelle Abkühlung zwischendurch: den Bachtelweiher. Am Westende gibt es eine kleine Liegewiese, ein Lokal mit Biergarten, einen Minigolfplatz und einen Spielplatz mit kleinem Tiergehege. In heißen Sommern ist der Weiher allerdings stark mit Algen zugewachsen.

Auch das **KEMPTEN-MUSEUM** ist bestens auf kleine Besucher eingerichtet. Es gibt einen extra Kinder-Pfad, dem der Nachwuchs folgen kann. Entlang des Pfades treffen die Kids auf Gleichaltrige aus dem Mittelalter, können ein Kunst-Puzzle zusammenbauen und Allgäuer Redensarten kennenlernen.

Ein Tag ganz ohne Bewegung taugt nichts? Wie wäre es dann mit einem Abstecher zum **ENGELHALDE-PARK**? Dort steht der 18 Meter hohe Kletterturm, der auf Eroberer wartet. Über 2200 bunte Griffe ergeben etwa 50 Routen aller Schwierigkeitsgrade. Da werden sowohl blutige Anfänger als auch echte Profis glücklich.

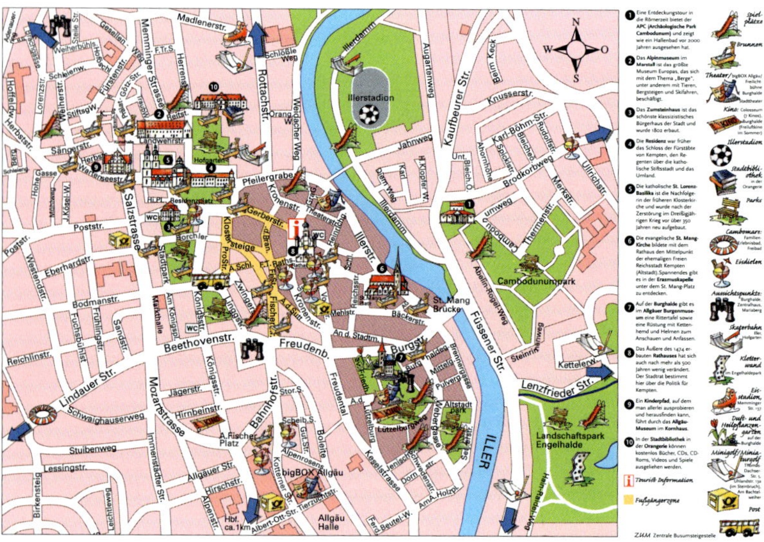

Allgäulino Wertach 33

Der bunte Hallenspielplatz für trübe Tage

Wenn das Wetter schlecht, der Bewegungsdrang und die Langeweile aber groß sind, lockt der Indoor-Spielplatz Allgäulino.

Jeder berühmte Rennfahrer hat klein angefangen …

Auf über 300 Quadratmetern können Kinder hier toben, was das Zeug hält. Deutschlands größte Kletterburg, die 10 Meter hohe DRACHENBURG, lockt mit vielen Rutschen, Airkanonen und einem riesigen Bällchenbad. Kleine Formel-1-Fans brausen mit den Elektroautos durch den Parcours. Wer es gemütlicher angehen lassen will, nimmt im HISTORISCHEN KINDERKARUSSELL Platz. Viel Action versprechen auch die große Trampo-

Ausgangs-/Endpunkt: Allgäulino Wertach
Anfahrt: Auf der B 19 nach Immenstadt, dann abfahren Richtung Rettenberg, durch Rettenberg hindurch und weiter nach Wertach. Im Kreisverkehr die zweite Ausfahrt Richtung Wertach/Zentrum nehmen. Dann rechts in den Bichelweg und links in die Starzlachauen. Das Allgäulino ist ausgeschildert.
Öffnungszeiten: Täglich 14–19 Uhr, in den Ferien, am Wochenende und an Feiertagen 10–19 Uhr, im Winter auch unter der Woche
Preise: Erwachsene 5,50 €, Kinder 8,50 €, Kinder unter 3 Jahren 4,50 €, Krabbelkinder frei
Einkehr: Zum Allgäulino gehört ein kleines Restaurant mit Biergarten und kinderfreundlicher Karte mit familienfreundlichen Preisen.
Information: Allgäulino Wertach GmbH, Alpenstraße 20, 87497 Wertach, Tel. 08365/10 27, www.allgaeulino.de

Auf einem Regenbogen rutschen macht richtig Spaß.

Auf dem riesigen Trampolin kann man fast bis in den Himmel springen.

linanlage und das Hamsterrad. Da geht's ganz schön rund! Besonders schön für Familien mit Kleinkindern: Auch für die Jüngsten gibt es einen neu gestalteten Bereich. Drinnen können die Kinder AIRHOCKEY, BILLARD, KICKER oder Tischtennis spielen, auch einen Fußballplatz und ein Basketballfeld gibt es in der Halle. Die Sonne blinzelt doch einmal hinter den Wolken hervor? Dann schnell nach draußen und auf dem BEACHVOLLEYBALLPLATZ mit Hechtbagger im weißen Sand um jeden Ball kämpfen.

SPIELSPASS IM BURON-PARK

Bei gutem Wetter bietet sich ein Ausflug in den Buron-Park in Wertach an: mit Kletterwiese, Riesenrutsche, Tubingbahn, Cross-Kart-Parcours, Kinder-Traktor-Park, Trampolinen, Rutschen, Schaukeln und Co.; www.buron-familienspass.de.

Was Sie trotz Kindern gesehen haben müssen

34 Allgäuer Gebirgskellerei Wertach

Auf ein Glas – oder auch zwei

Wenn Carsten Hell sein Glas zum Anstoßen erhebt, dann weiß er genau, was da gleich seine Kehle hinunterrinnen wird. Denn vom Sammeln der Zutaten bis zum Brauen und Abfüllen hat er Zirbenzapfenwein und Co. selbst in die Flasche gebracht. Ein Gespräch in seiner Kellerei.

Aus heimischen Erdbeeren entsteht leckerer Beerenwein.

Wie sind Sie auf die Idee mit der Gebirgskellerei gekommen?

Letztendlich ist es das Ergebnis eines inzwischen fast 20-jährigen Prozesses. Ich bin in einer klassischen Weinbauregion aufgewachsen und habe jahrelang Experimente mit trocken ausgebauten Beerenweinen gemacht. Irgendwann war die Neugierde auf die Vergärung von Blütenmaischen geweckt. Ich wollte

Ausgangs-/Endpunkt: Allgäuer Gebirgskellerei
Anfahrt: Von Süden kommend über die B 19 Richtung Immenstadt, dort abfahren Richtung Füssen/Rettenberg, durch Rettenberg hindurch und weiter nach Wertach. Im Kreisverkehr die zweite Ausfahrt Richtung Wertach/Zentrum nehmen. Die Weinkellerei liegt direkt an der Kreuzung von Grüntenseestraße und Alpenstraße.
Öffnungszeiten: Do 16.30–18.30 Uhr
Einkehr: Lust auf Pizza? Dann ab in die Pizzeria Colosseum, Grüntenseestraße 5. Wer lieber Allgäuer Hausmannskost mag, ist im Alpengasthof Hirsch, Marktstraße 21, gut aufgehoben.
Information: Allgäuer Gebirgskellerei, Grüntenseestraße 12, 87497 Wertach, Tel. 08366/98 85 15, www.allgaeuer-gebirgskellerei.de

Die Guten ins Töpfchen, die schlechten ins Kröpfchen

Wein aus Allgäuer Gebirgskräutern schmeckt besonders gut zu regionalen Delikatessen.

mich auf regionale Rohstoffe beschränken, um eine Qualitäts- und Herkunftskontrolle zu haben. Die positiven Ergebnisse haben meinen Horizont dann sehr erweitert.

Was macht Ihre Produkte denn so besonders?

Sie sind zum Teil weltweit einzigartige Eigenentwicklungen. Zudem natürlich die besonders gute Qualität durch reine Handarbeit. Ich presse von Hand statt hydraulisch. Ich schöpfe von Hand statt zu pumpen. Meine Produkte sind sehr bekömmlich, da ich keine Zusatzstoffe verwende.

Warum passen Sie und Ihre Firma so gut zum Allgäu?

Weil ich das Allgäu liebe, weil im Allgäu Wert auf gute Lebensmittel gelegt wird und weil das Allgäu eine Region ist, die Kreativität und Eigenwilligkeit schätzt, verträgt und unterstützt. Hier ist Raum zur Entfaltung. Ich denke, die Feriengäste schätzen neben der Natur genau diese Atmosphäre und tragen zu ihrer Existenz bei.

Hier entsteht aus regionalen Rohstoffen manch guter Tropfen.

Oben: Firmeninhaber Carsten Hell vor seiner Zauberküche

Was zeichnet den Gebirgskräuterwein aus? Die Vielfalt an Allgäuer Gebirgskräutern natürlich. Er schmeckt jedes Jahr anders, weil die Zusammensetzung der Kräuterwiese in den Bergen natürlich auch jährlich variiert.

Im Ostallgäu laden Fürsten und Ritter auf ihre Burgen, Schlösser und Burgruinen ein.

OSTALLGÄU

Die schönsten Seen und Schwimmbäder

Das Ostallgäu gilt als Schlösser- und Seenland. Wer die zahlreichen Bademöglichkeiten besucht, wird sich nicht mehr fragen, warum. Idyllisch unweit der prunkvollen Schlösser liegt zum Beispiel der

Bei dieser Aussicht vergessen sogar die Enten zu schwimmen.

Schwansee. Sein Moorwasser erwärmt sich schnell, der See ist nicht besonders tief. Einrichtungen gibt's hier keine, dafür riesige Spielwiesen und einen unbezahlbaren Blick auf Schloss Neuschwanstein.

Von Juni bis Oktober ist der Forggensee voll aufgestaut und wird zum Treffpunkt der Wassersportler. Auf dem Wasser ist viel los, aber es gibt genug Platz für alle. Das Ufer ist weitestgehend frei zugänglich, so kann man zum Beispiel bei einer Radtour um den See immer wieder ins kühle Nass hüpfen. Viele Spielplätze und Liegewiesen laden zum Verweilen ein.

Nur zehn Meter ist der Hopfensee tief, darum heißt es hier bereits ab Mai: abtauchen und entspannen. Und das, obwohl der See durch den Lechtalgletscher entstanden ist. Das Ufer ist sehr seicht, daher ist das Gewässer bestens für Familien geeignet. Besonders schöne Badestellen gibt es am Ostufer des Sees. Dort liegt auch ein beliebter 5-Sterne-Campingplatz.

Deutlich tiefgründiger zeigt sich mit 62 Metern der Alpsee bei Hohenschwangau. Geheimnisvoll und smaragdgrün leuchtet seine Oberfläche zwischen Wald- und Felshängen. Der liebste Badesee von König Ludwig II. ist nicht nur das perfekte Fotomotiv mit den Königsschlössern im Hintergrund, sondern auch beliebt bei Badefreunden. Am westlichen Ufer liegt das Freibad, das nach 20 Minuten vom Parkplatz zu Fuß erreichbar ist. Auch der **Weißensee** ist ein beliebter Badesee. Hier gibt es am Westufer des Sees ein Strandbad mit Badeinsel und einen Spielplatz für die Kleinen. Ein sehr schöner Rundwanderweg führt um den See. Allerdings muss abgehärtet sein, wer hier in die Fluten springt. Denn der See liegt im Schatten des Falkensteinkamms und erwärmt sich nur sehr langsam.

Eingebettet in grüne Hügel liegt der **Attlesee** bei Nesselwang. Zwei Badestrände mit Liegewiesen befinden sich an seinem Ufer, auch Umkleidemöglichkeiten und ein WC sind vorhanden.

In direkter Nachbarschaft liegt der kleine **Kögelweiher**. Der Enzian blüht hier direkt am Wasser, der Eintritt zur Liegewiese ist frei. Im leichten Moorwasser ziehen nicht nur Schwimmer ihre Runden, sondern auch hier heimische Enten und Schwäne.

Im **Schwaltenweiher** bei Seeg tummeln sich Schwimmer und Nichtschwimmer – dank des flach abfallenden Ufers. Und das in bestem Quellwasser. Es gibt ein Strandbad mit Restaurant, einen Ruderbootverleih, einen Spielplatz sowie einen Beachvolleyballplatz. Wer mag, kann den hübschen See auf dem Wanderweg in etwa einer Stunde umrunden.

Das typische »Allgäu-Glücks-Rezept«: Wiesen, Kühe, See und Berge

35 Marktoberdorf

Unterwegs auf dem Klobunzele-Weg

Marktoberdorf, Kreisstadt des Ostallgäus, und die Römer – sie gehören eng zusammen. Kein Wunder also, dass die römischen Gesellen auch auf dem Erlebnispfad Klobunzele eine Rolle spielen, ebenso wie Moränen, Teufelseichen und die Umweltwaage.

Auf dem abwechslungsreichen Erlebnispfad Klobunzele kommt garantiert keine Langeweile auf.

Der 4,5 Kilometer lange Wanderweg rund um den Ettwieser Weiher schlägt zwei Fliegen mit einer Klatsche: Als Klobunzele-Weg ist er für Kinder ausgelegt, mit ERLEBNISSTATIONEN und kindgerechten Wissenstafeln. Für die Erwachsenen sind die Erklärungen der Natur als TERRA NOSTRA angelegt worden. So kommen Klein und Groß auf ihre Kosten.

Der Weg startet am Parkplatz am Kuhstallweiher. Hier liegt auch direkt die erste von elf Stationen. Einmal die große Straße

Ausgangs-/Endpunkt: Parkplatz am Kuhstallweiher
Anfahrt: Vom Zentrum Marktoberdorf auf der B 16 Richtung Rosshaupten. Im zweiten Kreisverkehr dann geradeaus Richtung Lengenwang, Kohlhunden und weiter zum Kuhstallweiher
Ausrüstung: Für den Weg sind keine Wanderstiefel nötig, aber festes Schuhwerk ist angebracht.
Information: Touristikbüro Marktoberdorf, Richard-Wengenmeier-Platz 1, 87616 Marktoberdorf, Tel. 08342/40 08 45, www.touristik-marktoberdorf.de

Macht auch Spaß: das Allgäu mal aus anderer Perspektive entdecken.

gequert, geht es vorbei am Römerbad Marktoberdorf. An der nächsten Kreuzung muss man rechts abbiegen, um den Pfad entgegen dem Uhrzeigersinn zu laufen (so ist er angelegt). Bei der zweiten Station treffen die Kinder auf eine Sonnenuhr, die erklärt, wie die Römer damals die Zeit gelesen haben. Station vier ist die **TEUFELSEICHE**: Eine Eiche mit zwei Stämmen, wovon einer eine Sommereiche, der andere eine Wintereiche ist, die zu unterschiedlichen Zeiten ihr Laub verlieren. So kommt es, dass zumindest eine Hälfte des Baumes immer Laub trägt. Und das kam der Sage nach einem Bauern sehr gelegen ... Die nächste Station, der **ETTWIESER WEIHER**, lädt zu einer kleinen Pause ein. In der Mitte des Sees gibt es eine Holzplattform, wer also dorthin schwimmen will, ist herzlich eingeladen.

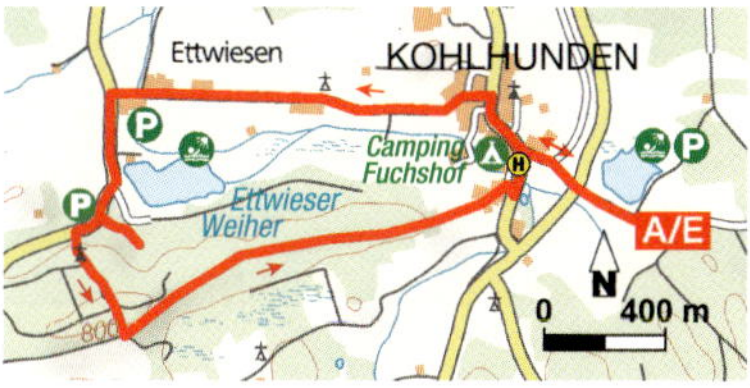

Über den Steinbruch, das Kindle, die Umweltwaage und einige andere Sta-

MÄRCHEN AUF DEM BAUERNHOF

Wunderschön sind die Erlebnisnachmittage und Märchenerzählungen auf den Bauernhöfen. Bei Familie Knestel und Familie Reiter können die Kinder Stunden voller Spiel und Spaß mit Tieren und Bauernhofgeschichten erleben. Weitere Infos bei Anita Knestel, Tel. 08342/51 10 bzw. Barbara und Martin Reiter, Tel. 08342/897 08 08.

tionen geht es zurück zum Ausgangspunkt. Die Kinder können bei jeder Station eine Frage beantworten. Den Anfangsbuchstaben der Antwort auf einen Zettel schreiben und am Schluss kommt ein Lösungswort heraus. Wer das Lösungswort erarbeitet hat, darf sich an der Tourist-Info eine kleine Belohnung abholen.

Jetzt nur nicht die Balance verlieren!

Pfronten für Familien 36

Von märchenhaften Spielplätzen über bunte Schmetterlingsgärten zum Alpenbad

Man könnte meinen, auf jeden der etwas über 8000 Einwohner Pfrontens kommt ein Spielplatz. Das stimmt natürlich nicht ganz, aber kleine Besucher können sich immerhin über zwölf verschiedene Themenspielplätze freuen. Zudem locken ein Schwimmbad und bei schlechtem Wetter ein kleiner Schmetterlingsgarten.

Tapfere Ritter hoch zu Ross spielen Wimpelstechen.

Einen kurzen Moment noch hält er inne, Ritter Lanzelot. In prächtiger Rüstung sitzt er auf seinem stolzen Pferd, dessen lackschwarzes Fell in der

Ausgangs-/Endpunkt: Ritterspielplatz, Schmetterlingsgarten, Alpenbad
Anfahrt: Auf der A 7 bis Ausfahrt Oy-Mittelberg und weiter auf der B 310 nach Pfronten
Öffnungszeiten: Der Schmetterlingsgarten ist im Sommer von 10–16.30 Uhr geöffnet, Mo Ruhetag. Das Alpenbad öffnet täglich von 9.30–20.30 Uhr seine Pforten.
Preise: Im Schmetterlingsgarten zahlen Erwachsene 9,50 €, Kinder von 4–16 Jahren 7,50 €. Das Alpenbad bietet verschiedene Varianten von einer Stunden-Karte (Erwachsene 5 €, Kinder 6–15 Jahre 3 €) bis zu Nachmittagskarten an.
Einkehr: Im Schmetterlingsgarten gibt es ein niedliches Schmetterlings-Café.
Information: Allgäuer Schmetterlings-Erlebniswelt, Blumen Hartmann, Gernweg 5, 87459 Pfronten-Weißbach, Tel. 08363/393, www.schmetterling-erlebniswelt.de, Alpenbad, Falkensteinweg 14, 87459 Pfronten-Meilingen, Tel. 08363/92 99 90, https://alpenbad.pfronten.de

Vom Alpenbad aus genießt man einen grandiosen Panoramablick auf die herrlichen Berge.

Allgäuer Sonne schimmert. Dann gibt der Ritter ihm die Sporen, und in wildem Galopp geht es auf den Wimpel zu. Wird er ihn treffen und seine Ehre retten? Auf dem Ritterspielplatz von Pfronten können die Kinder von heute die Spiele der Kinder von vor 800 Jahren ausprobieren. Und Wimpelstechen »hoch zu Ross« gehört unbedingt dazu. Auch wenn das Pferd heute aus Holz ist. Am Burgturm, der wie eine typische Wohnanlage im 13./14. Jahrhundert aussieht, treffen sich Burgfräulein und Rittersleut. Durch den Graben wird der Sturm auf die Burg geübt, es gibt reichlich Klettermöglichkeiten, eine Schaukel und einen großen Sandbereich. Im Sommer können die Kinder unter Aufsicht Spiele aus der Ritterzeit nachspielen. Die Anlage, die mit wissenschaftlicher Begleitung eines Burgenforschers geplant wurde, zeigt außerdem, wie im Mittelalter gespielt wurde und was damals eine richtige Burg ausmachte. Dass man von hier aus auf den Falkenstein und Deutschlands höchst gelegene Burgruine blickt, ist kein Zufall. Außer auf diesem Ritterspielplatz können die Kids in Pfronten u. a. noch auf einem Märchen-, Indianer- oder Piratenspielplatz toben oder auf dem interaktiven Computerspielplatz.

Auch wenn das Allgäuer Wetter sich mal wieder von seiner grau-trüben Seite zeigt, gibt es in Pfronten viel zu entdecken. Etwa in der **ALLGÄUER**

Fliegender Edelstein in seinem tropischen Allgäuer Paradies

SCHMETTERLING-ERLEBNISWELT. In dem Gewächshaus tummeln sich bei konstant 25 °C allerlei Exoten. Unter den fliegenden Edelsteinen aus Südamerika, Asien und Afrika finden sich auch schillernde Stars wie der Atlasspinner aus China oder der filigrane gelbe Kometenfalter, der ursprünglich in Madagaskar zu Hause ist. Mit Hilfe der Infotafeln oder einer Führung erfährt man allerlei Wissenswertes über die zarten Flugstars, die rund um die Besucher von Blüte zu Blüte schweben – und manchmal auf der Hand oder der Schulter verweilen.

HEY KIDS,
ratet mal, wie groß der Atlasspinner aus China werden kann. 26 Zentimeter! Das ist fast so lang wie ein großes Lineal.

Wenn die Kinder gerade nach mehr Action und Bewegung verlangen, dann bietet das **ALPENBAD** ausreichend Möglichkeiten zum Austoben. Auf 25 000 Quadratmetern wird allerlei geboten. Im Freibadteil z. B. eine imposante Rutsche und ein Wildwasserkanal. Drinnen warten eine Felsengrotte und die Saunalandschaft auf Entspannungswillige. Und so geht ein Tag in Pfronten, direkt an der Grenze zu Tirol, wie im Flug vorbei.

37 Burg Hohenfreyberg

Abtauchen ins mittelalterliche Ritterleben

»Der Kaas war scho bissen«, würde man in Bayern sagen. Als Friedrich von Freyberg zu Hohenfreyberg in den Jahren 1418 bis 1432 die Burg Hohenfreyberg errichten ließ, neigten sich die ritterlichen Zeiten schon ihrem Ende zu. Doch Friedrich wollte noch ein letztes Mal ein Machtsymbol schaffen.

LEBEN WIE IM MITTELALTER

An einem Wochenende im August (den genauen Termin erfahren Sie bei der Tourist-Info) findet auf der Burgruine Hohenfreyberg das bunte Ritterspektakel statt. Zwei Tage lang wird die Ruine zum Leben erweckt, mit Rittern und Knechten, mit Waffenschau und Münzpräge, mit Böllerschützen, Markt- und Lagerleben, Musikeinlagen und Feuershows. Der Eintritt ist frei, um Spenden wird gebeten.

Und so entstand die stattliche **BURG HOHENFREYBERG** in spektakulärer Lage. Wenig später erwarb Österreich-Tirol die Burg und hielt sie in Schuss. In den Jahren 1607 bis 1609 wurde sie gar noch einmal aufgerüstet und militä-

Ausgangs-/Endpunkt: Burg Hohenfreyberg
Anfahrt: Mit dem Auto führt der Fahrweg von Eisenberg bis hinauf zur Schlossbergalm. Dort stehen Parkplätze zur Verfügung, die Ruine ist in 10 Min. zu Fuß zu erreichen. Schöner ist es, sich der Burg zu Fuß zu nähern. Dies geht auch mit Kinderwagen und Rollstuhl von Eisenberg aus auf dem Wanderweg 239. Dieser führt zunächst ein kurzes Stück entlang der Hauptstraße, bevor er auf Weg 246 stößt, der zur Schlossbergalm und zur Burg führt. Die Wanderung dauert etwa eine Stunde.
Öffnungszeiten: Die Ruine ist frei zugänglich.
Preise: Der Eintritt ist kostenlos.
Einkehr: Schlossbergalm, 10–15 Min. unterhalb der Ruine
Information: Tourist-Info Eisenberg, Pröbstener Straße 9, 87637 Eisenberg, Tel. 08363/12 37, www.eisenberg-allgaeu.de

Die massiven mittelalterlichen Burgmauern beeindrucken auch heute noch.

risch auf den neuesten Stand gebracht. Doch nur 37 Jahre später steckte die Landesregierung ihre Burgen Eisenberg, **HOHENFREYBERG UND FALKENSTEIN** selbst in Brand. Lichterloh ließ man die Burgen abfackeln, damit sie nicht den heranrückenden Schweden oder Franzosen in die Hände fallen würden. Was übrig blieb, sind die Ruinen. Hohenfreyberg ist eine der größten Burgruinen Bayerns. Wer durch die gespenstische Kulisse schleicht, dem kommen Geschichten von tapferen Rittern und wunderschönen Prinzessinnen in den Kopf. Von Liebe, Intrigen, Kämpfen und Mut. Hier können Kinder ihrer Fantasie freien Lauf lassen, und auch die Erwachsenen können sich der Energie, die dieser Ort ausstrahlt, kaum entziehen. Auch wenn die Burg ihrem Verfall überlassen wurde, sieht man vor dem geistigen Auge noch die Fräulein in ihren prächtigen Gewändern und hört die Pferdehufe der Streitrösser auf den Steinen klappern. Es werden auch Führungen zu den Ruinen angeboten.

HEY KIDS,
in der Tourist-Info bekommt ihr für 3 € einen tollen Kinderburgenführer. In dem erfahrt ihr alles über das Leben auf Burg Hohenfreyberg und Burg Eisenberg.

Der »echte« Ritter aus dem Mittelalter ist beliebtes Fotomotiv.

Walderlebniszentrum Ziegelwies 38

Den Bäumen ganz nah kommen

Auf einem der Pfade am Boden oder auf Augenhöhe mit den Wipfeln auf dem Baumkronenweg – im Walderlebniszentrum Ziegelwies gehen Bäume und Besucher auf Tuchfühlung.

Auf dem 1,5 Kilometer langen AUWALDPFAD erfahren und erleben die Kinder, wo der Lech entspringt, welche Kraft sein Wasser hat und warum der Fluss, den der Pfad immer wieder streift, eigentlich eine so schöne türkise Farbe hat. Die kleinen

HEY KIDS,
was ihr auf keinen Fall verpassen dürft, ist der kleine Abstecher vom Auwaldpfad zum Lechfall. Der sieht echt super aus!

Ausgangs-/Endpunkt: Walderlebniszentrum Ziegelwies
Anfahrt: Auf der A 7, B 16 oder B 17 nach Füssen. Von dort in Richtung Reutte. Das Walderlebniszentrum liegt auf der rechten Seite, oberhalb des Lechs. Die Parkplätze sind kostenfrei.
Öffnungszeiten: Mai bis Oktober täglich 10–17 Uhr, Oktober und November 9–16 Uhr, Mai/Juni 10–17 Uhr, Juli bis September 9–19.30 Uhr, aktuelle Öffnungszeiten bitte auf der Homepage prüfen. Der Auwaldpfad und der Bergwaldpfad sind unabhängig von den Öffnungszeiten begehbar. Letzter Einlass für den Baumkronenweg ist von Mai bis Oktober 16.30 Uhr.
Preise: Auwaldpfad, Bergwaldpfad und Ausstellungsgebäude sind kostenlos. Der Baumkronenweg kostet für Erwachsene ab 16 Jahren 5 €, Kinder und Jugendliche sind kostenlos. Auch der Baumkronenweg ist mit Kinderwagen oder Rollstuhl befahrbar.
Einkehr: Am Walderlebniszentrum selbst gibt es einen kleinen Imbiss-Wagen mit Snacks und Getränken. Lust auf ein Eis? Dann lohnt der Weg in die Füssener Innenstadt. Bei Eis Dolomiti gibt's direkt am Stadtbrunnen allerlei köstliche Sorten.
Information: Walderlebniszentrum Ziegelwies, Tiroler Str. 10, 87629 Füssen, Tel. 08362/938 75 50, www.walderlebniszentrum.eu

und großen Wanderer lernen auch, warum der Auwald so wichtig für uns ist. Schließlich hält er Geröll und Hochwasser zurück, filtert Trinkwasser und produziert den nachwachsenden Rohstoff Holz. Eine der beliebtesten Stationen des Weges ist die Flussüberquerung mit dem Floß. Da kommen echte Fährmanngefühle auf! Der Auenpfad ist kinderwagentauglich und rollstuhlgeeignet. Ein schöner Nebenaspekt: Man wandert über deutschen und österreichischen Boden, denn die Natur kennt keine Grenzen.

Abhängen und chillen – muss auch mal sein.

Nur ein kleines Stück länger, nämlich 1,7 Kilometer, ist der **BERGWALDPFAD**. Hier können die Kinder in einem Spinnennetz klettern, mit der Affenschaukel schwingen oder an der Weitsprungstation versuchen, den Hirsch zu übertrumpfen. Und warum nicht mal wieder mit Holzinstrumenten wie Trommel oder Xylophon musizieren?

Höhepunkt für viele Besucher ist dann im doppelten Sinne der **BAUMKRONENPFAD.** Auf 21 Metern Höhe verläuft er durch die Wipfel des Auenwaldes. Und diese Lage schenkt ganz neue Ein- und Ausblicke in die oberen Baumregionen, auf den nebenan fließenden Lech und die umliegende Bergwelt.

Danach geht es noch auf einen kurzen Abstecher ins **AUSSTELLUNGSGEBÄUDE**. Hier befindet sich eine Dauerausstellung zu den Themen Bergwald, Waldarbeit und Waldfunktion und eine Ausstellung über Imkerei – inklusive eines echten Bienenvolkes (von Mai bis September). Für die kleinsten Gäste gibt es Tastboxen und Duftorgeln und eine Kinderecke zum Malen und Spielen.

Etwas Mut gehört schon dazu, das Gewässer auf dieser wackeligen Brücke zu überqueren.

39 Rasante Abfahrten an der Alpspitze

Mit Sommerrodelbahn und Alpspitzkick ins Tal

Rauf kann man laufen oder mit der Bahn fahren, aber was an der Alpspitze bei Nesselwang viel interessanter ist, ist das Runterkommen. Mit Bodenkontakt in der Sommerrodelbahn? Oder im (fast) freien Flug mit dem Alpspitzkick?

»Ich will noch mal mit SoRoBa fahren!« Sie verstehen nur Bahnhof? Hinter dem Akronym, das Ihr Kind da so ganz lässig benutzt, steckt die Ab-

Ausgangs-/Endpunkt: Alpspitzbahn Nesselwang
Anfahrt: Von Süden kommend auf der B 309 bis ins Zentrum von Nesselwang. Ziemlich bald nach der kurvigen Abfahrt geht es über den Fluss und dann rechts Richtung Explorer Hotel/Alpspitzbahn. Von Norden kommend auf der B 309 kurz hinter der Kirche links abbiegen und der Beschilderung folgen. Kostenfreie Parkplätze stehen an der Talstation zur Verfügung.
Öffnungszeiten: Die Bergbahn ist von 9–17 Uhr in Betrieb. Der Alpspitzkick ist von 10–16.30 Uhr geöffnet.
Preise: Die Sommerrodelbahn kostet 5,90 € für Erwachsene mit Auffahrt, Kinder von 3–7 Jahren zahlen 3,90 € pro Fahrt. Wer die Walk & Fly-Variante beim Alpspitzkick wählt, läuft in ca. 45–60 Minuten vom Parkplatz zur Mittelstation und steigt dort in die Kombibahn 2. Dieses Ticket kostet 38 € für Erwachsene und 29 € für Kinder. Wer vom Tal mit der Kombibahn 1 und Kombibahn 2 hinauffahren und nach der Ankunft im Arrival Tower mit der Bahn wieder abfahren will, zahlt als Erwachsener 44 €, als Kind 35 €.
Ausrüstung: Bequeme Kleidung und Turnschuhe passen am besten. Helm, Brille und Gurtzeug werden am Checkpoint gestellt. Dort erhält man auch eine Einweisung.
Einkehr: Rund um die Alpspitzbahn gibt es verschiedene Möglichkeiten. Etwa das Liftstüble an der Talstation oder das Enzianstüble an der Mittelstation. Sehr schön modernisiert ist das Gasthaus Sportheim Böck unweit der Bergstation der Alpspitzbahn, www.sportheimboeck.de.
Information: Alpspitzbahn, Alpspitzweg 5, 87484 Nesselwang, Tel. 08361/771, www.alpspitzbahn.de; Alpspitzkick, Tel. 08361/12 70, www.alpspitzkick.de

Kurze Besprechung unter Freunden, dann kann der Ausflug beginnen.

kürzung **SOMMERRODELBAHN**. Und die längste des Allgäus befindet sich an der Alpspitze in Nesselwang. In rasanten 13 Kurven und über 1000 Meter geht es hier bergab. Entweder im Einsitzer oder – für Kinder von drei bis sechs Jahren – im Zweierbob mit Mama oder Papa. Und ganz klar: Zeit zählt! Der Geschwindigkeitsmesser zeigt an, wie schnell – oder »Mama-Schneckentempo-langsam« – man seinen Bob steuert. Die Betreiber der Bahn sind auf spontan geweckten Ehrgeiz eingestellt: Es gibt auch 6er-Karten für die Rodelbahn.

HEY KIDS,
mögt ihr es sportlich? Auf die Alpspitze kann man auch super mit dem Mountainbike fahren.

Ist die Lust am Geschwindigkeitsrausch erst mal geweckt, zieht es viele Kinder zur nächsten Attraktion, zum **ALPSPITZKICK**. Das Motto »Get ready for take off« kündigt es schon an: Hier wird geflogen. Und zwar 1,2 Kilometer mit einem Gurt an einem Drahtseil befestigt. Von der Bergstation auf 1500 Metern Höhe geht es zur Mittelstation – mit Geschwindigkeiten von bis zu 130 km/h. Da fliegen die Haare, da prescht das Adrenalin durch die Adern. Wer es ganz sportlich mag – oder einige Euro sparen möchte – kann zum Checkpoint hochlaufen. Alle anderen steigen unten in die Kombibahn 1

WASSERFALLWEG
Wer die »Walk & Fly«-Variante wählt und nicht über die Versorgungsstraße aufsteigen möchte, kann den deutlich schöneren und wildromantischen Wasserfallweg nutzen. Er beginnt am östlichen Ende der Zufahrtstraße und steigt in vielen Stufen entlang des Baches zum Checkpoint auf.

und am Checkpoint nach der Einweisung in die Kombibahn 2. Mit dem Alpspitzkick dürfen alle Kinder fliegen, die über 150 Zentimeter groß sind. Das Alter spielt dabei keine Rolle. Und tatsächlich schlagen sich oft die Kleinsten am tapfersten, wenn es in rasanter Fahrt in nur wenigen Sekunden hinabgeht. Es ist ein kurzes Vergnügen, aber ein intensives. Wer das »Ride & Fly«-Ticket gebucht hat, darf am Arrival Tower wieder in die Bahn einsteigen und damit ins Tal zuckeln, alle anderen müssen zu Fuß absteigen, was den wackeligen Knien mitunter guttut.

Unten angekommen, können Kinder im **STREICHELZOO AN DER TALSTATION** die vielen Tiere füttern oder sich noch mal auf dem Abenteuerspielplatz mit Riesentrampolin und Wasserfall austoben. Die Eltern zieht es dann vielleicht schon zur Einkehr, etwa ins Sportheim Böck. In der hellen Stube mit Panoramafenstern darf der Puls wieder zur Ruhe kommen und ein ereignisreicher Vormittag gemütlich ausklingen.

Auf der längsten Sommerrodelbahn des Allgäus geht es rasant bergab.

Schloss Neuschwanstein 40

Unterwegs auf den Spuren des Königs

Kein Allgäu-Besuch ohne einen Abstecher zum Märchenschloss von König Ludwig II. von Bayern. Malerisch thront Neuschwanstein am Berg. Wer die Besuchermassen ausblendet, kann eine märchenhafte Welt erleben.

Eigentlich ist es paradox. Der scheue König Ludwig II. von Bayern baute dieses Schloss ab 1869, um fern der Menschen zu sein. Heute strömen mehr als 6000 Besucher täglich in sein Refugium. Nur sieben Wochen nach dem mysteriösen Tod des Königs wurde es 1886 für das Publikum geöffnet. Heute zählt Neuschwanstein mit **1,4 MILLIONEN GÄSTEN JÄHRLICH** zu den meistbesuchten Burgen Europas. Es gibt Führungen auf Deutsch und Englisch, zusätzlich Audio-Touren in 16 verschiedenen

Ausgangs-/Endpunkt: Schloss Neuschwanstein
Anfahrt: Über die A 7 Ulm–Kempten–Füssen bis zum Autobahnende. Von Füssen über die Bundesstraße B 17 Richtung Schwangau; nach dem Ortsende rechts Richtung Hohenschwangau oder über die Autobahn A 7, Ausfahrt Kempten, auf die Bundesstraße B 12 bis Marktoberdorf. Über die B 16 bis Roßhaupten, dann auf der B 17 bis Schwangau und Hohenschwangau. Im Ort Hohenschwangau sind nur gebührenpflichtige Privatparkplätze vorhanden.
Öffnungszeiten: Tickets können von April bis September von 8–16 Uhr und von Oktober bis März 9–15 Uhr gekauft werden. Das Schloss ist von 9–18 Uhr geöffnet, im Herbst und Winter von 10–16 Uhr.
Preise: Tickets können nicht am Schloss, sondern nur im Ticket-Center gekauft werden. Die Eintrittskarte gilt für eine Schlossführung zu einer festen Zeit, darum rechtzeitig auf den Weg zum Eingang machen. Der Andrang ist riesig! Es bietet sich daher an, die Tickets vorher online zu reservieren (zusätzliche Gebühr 1,80 €/ Person). Erwachsene zahlen 13 €, Kinder und Jugendliche bis 18 Jahre sind frei.
Einkehr: Am Schloss selbst gibt es zwar allerlei Imbisse und Restaurants, die Preise sind allerdings hoch, der Faktor Gemütlichkeit gering. Es lohnt sich also, etwas abseits vom Trubel z. B. in Schwangau im Schlossbrauhaus, Gipsmühlweg 5, einzukehren. Dort gibt's gutes Essen und einen netten Kinderspielplatz.
Information: Ticket-Center Hohenschwangau, Alpseestrasse 12, 87645 Hohenschwangau, Tel. 08362/93 08 30, www.neuschwanstein.de

Sprachen. Bevor man sich an einem Sommertag auf den Parkplatz unterhalb der Burg oder zum Ticket-Center begibt, sollte man meditieren und seine Kinder fest bei der Hand nehmen, solch ein Trubel herrscht dort zwischen Souvenir-Ständen, die sich an Kitsch überbieten, Kutschen und Reisegruppen. **KÖNIG LUDWIG II.** würde sich im Grabe umdrehen! Und doch – Neuschwanstein ist absolut sehenswert.

Schon von Weitem ist das Schloss ein malerischer Blickfang, der da an den Flanken des Tegelberges haftet. Dieses Fleckchen Erde hat König Ludwig II. schon als kleiner Junge fasziniert. Sein Vater, Maximilian II., hatte das gegenüberliegende **SCHLOSS HOHENSCHWANGAU** umgebaut, dort verbrachte Ludwig einen Großteil seiner Kindheit und Jugend. Er wanderte mit dem Vater durch die Berge, genoss den Ausblick vom »Jugend« genannten Felsen, auf dem er dann die Ruinen von Vorderschwangau zu neuem Leben erweckte. Inspiriert von der Wartburg, beeinflusst von den prächtigen Opern Richard Wagners, dem er das Schloss widmete, ließ Ludwig hier seinen ersehnten Rückzugsort Wirklichkeit werden. Das eigentlich gern von ihm besuchte Hohenschwangau wurde zum Sperrgebiet, weil sich dort im Sommer seine ungeliebte Mutter Marie aufhielt.

VOLLMONDWANDERUNGEN ZUM SCHLOSS

König Ludwig II. liebte die Nacht und war oft im Dunkeln unterwegs. Besonders der Mond hatte es ihm angetan. Kein Wunder also, dass die Füssener Gästeführerin Erih Gößler Vollmondwanderungen zum Schloss Neuschwanstein für Gruppen anbietet. Feste Termine gibt es nicht. Weitere Infos unter www.fuessen.de.

Hinter den mittelalterlich anmutenden Fassaden verbarg sich schon damals modernste Technik. Es gab Toiletten mit automatischer Spülung und fließendes Wasser. Gegen die kalten Allgäuer Winter rüstete Ludwig mit einer Heißluft-Zentralheizung auf. Und die üppigen Speisen mussten nicht über Treppen emporgeschleppt werden, sondern gelangten über einen Aufzug ins Esszimmer.

Ursprünglich hatte Ludwig geplant, so schrieb er es dem von ihm so verehrten Komponisten Richard Wagner, innerhalb von drei Jahren in sein neues

Wie man sich bettet, so schläft man. Hier sicherlich ganz besonders gut!

Zuhause einzuziehen. Doch da er ständig die Pläne änderte und seine Ansprüche hoch waren, zog sich der Bau (und mit ihm die Kosten) in die Länge. Im Torbau, der als Erstes fertiggestellt wurde, wohnte Ludwig immerhin mehrere Jahre. Doch den Rest seines Schlosses sollte er bis zu seinem Tod 1886 nur als Baustelle erleben.

Zu Ludwigs Zeiten hieß das berühmte Schloss, das ebenso als Vorlage für Disneyland diente wie als Filmkulisse, noch **NEUE BURG HOHENSCHWANGAU**. Den Namen Neuschwanstein erhielt es erst nach Ludwigs Tod. Doch schon immer präsent war hier der Schwan. Er war das Wappentier der Grafen von Schwangau, als dessen Nachfolger der König sich sah. Zudem standen die Tiere für Reinheit, nach der sich Ludwig sehnte.

Heute haben Besucher 30 Minuten Zeit, sich den Träumen Ludwigs im Inneren des Schlosses zu nähern. Doch wer dem Märchenkönig wirklich nah kommen will, der sollte im Anschluss auf eine Wanderung gehen, etwa über die frisch restaurierte **MARIENBRÜCKE ÜBER DER PÖLLATSCHLUCHT**. Sie war ein Geschenk von Maximilian II. an seine bergsteigende Frau Marie, die Mutter Ludwigs. Wenn man hier oben steht, hinüberschaut auf das Schloss und in die Voralpen, dann kann man schnell nachvollziehen, warum es Ludwig hierher zog.

41 Bootstour auf dem Forggensee

Eine Schifffahrt, die ist schön …

Vom größten See im Allgäu aus gibt es neue Ausblicke auf Berge und Schlösser. Außerdem lädt der Forggensee zu einem erfrischenden Bad ein. Und dabei ist der See nicht mal echt.

Und nach der Bootstour geht's zum Minigolfen.

Eigentlich hat der Forggensee ja ganz praktische Aufgaben: Er ist ein Speicher für die lechabwärts gelegenen Wasserkraftwerke. Zudem ist er wichtig für die HOCHWASSERREGULIERUNG, wenn der Lech zur Schneeschmelze im Frühjahr anschwillt. Soweit sein »Arbeitsbereich«. Aber der 12 Kilome-

Ausgangs-/Endpunkt: Am Bootshafen in Füssen oder an einer der anderen Haltestellen
Anfahrt: Den Bootshafen erreicht man über die B 16 und B 17 und von der Autobahn A 7 kommend über die Umgehungsstraße B 310. Der Bootshafen ist gut ausgeschildert.
Fahrzeiten: Anfang Juni bis 15. Oktober, 10–16.30 Uhr
Preise: Die kleine Rundfahrt kostet für Erwachsene 9 €, für Kinder 4–14 Jahre 4,50 €. Für die große Rundfahrt müssen Erwachsene 13 €, Kinder 6,50 € zahlen. Es gibt auch eine leicht vergünstigte Familienkarte (2 Erwachsene, 2 Kinder 33 €).
Einkehr: An Bord gibt es Eis, Getränke und Kuchen, auf der großen Rundfahrt auch warme Gerichte und Brotzeiten.
Information: Füssen Tourismus und Marketing, Kaiser-Maximilian-Platz 1, 87629 Füssen, Tel. 08362/938 50, www.forggensee-schifffahrt.de

Welchen Dampfer hättet ihr denn gerne?

ter lange und 3 Kilometer breite See hat noch eine weitere Aufgabe, eine gemütliche, schöne, freudestiftende: Auf dem See kann man herrliche Schifffahrten unternehmen. Vom **BOOTSHAFEN IN FÜSSEN** starten die MS Allgäu und die MS Füssen täglich neunmal zu einer Rundfahrt. Wer nur wenig Zeit hat, bucht die kleine Rundfahrt und schippert eine Stunde lang über den südlichen Teil des Sees. Die große Fahrt dauert zwei Stunden. Am schönsten ist es jedoch, die Tour an den einzelnen Haltepunkten immer wieder zu unterbrechen für eine Einkehr oder ein Bad im See. Auch Fahrräder dürfen mit-

HEY KIDS,
direkt gegenüber dem Hafen, in der Weidachstraße, gibt's einen netten Minigolfplatz, der von 10–20 Uhr geöffnet ist.

ROMANTISCHE SONDERFAHRTEN

Neben den normalen Rundfahrten gibt es auch besondere Touren, z. B. die romantischen Abendfahrten mit Alphornbläsern, Fahrten mit Live-Musik oder die König-Ludwig-Abendfahrten. Infos auf der Homepage der Forggensee-Schifffahrt.

genommen werden, wodurch die Tour gerade für Familien mit kleinen Kindern spannend wird.

Interessant ist, dass dieser prächtige See, der da so türkis in der Sonne schimmert und von dem aus die Fahrgäste spektakuläre Blicke auf Schloss Neuschwanstein, die Ammergauer, Lechtaler und Tannheimer Berge haben, gar kein natürlicher See ist.

Der Forggensee ist erst in den Fünfzigerjahren als Lechstausee entstanden. Nur von Juni bis Oktober hat er seine volle Stauhöhe. Wer ihm im Winter einen Besuch abstattet, wird überrascht sein. Dann gibt der leere See den Blick auf Reste der römischen Militärstraße Via Claudia Augusta frei, die mitten durch ihn hindurchführte.

Lustige Dampferfahrt auf dem größten See im Allgäu

Bergsportzentrum Tegelberg 42

Steil bergauf im Klettersteig

Auch wer kein Kletterer ist, kann die Vertikale erleben: beim Klettersteiggehen. Worauf man bei dem Trendsport achten sollte, lernen Interessierte im Bergsportzentrum am Tegelberg. Und bei den ersten Versuchen sind die versierten Bergführer mit dabei.

Immer gut einhaken!

Aushängen, einhängen, aushängen, einhängen. Das Klacken des Karabiners, wenn er sich um das Drahtseil schließt, ist der ständige

Ausgangs-/Endpunkt: Bergsportzentrum Tegelberg
Anfahrt: Auf der A 7, B 16 oder B 17 nach Füssen. Von dort Richtung Königsschlösser und weiter zur Tegelbergbahn
Öffnungszeiten: Die Schnupperkurse finden im Sommer immer Mittwoch und Samstag um 10 Uhr (oder nach Absprache) statt. Teilnahme nur nach Voranmeldung auf der Homepage
Preise: Pro Person inkl. Einweisung und Leihausrüstung 69 €, ab der dritten Person jedes Kind bis 15 Jahre 30 €
Ausrüstung: Klettersteigset, Klettergurt und Helm werden vom Bergsportzentrum gestellt. Mitbringen sollte man bequeme, nicht zu weite Klamotten und Schuhe mit gutem Profil.
Einkehr: Reitalm, nur 10 Min. von der Talstation der Tegelbergbahn nahe des Bergsportzentrums. Der Almhirte verkauft hier Brotzeiten und Kuchen, die Hütte ist wirklich urig, und von der Terrasse hat man einen herrlichen Ausblick aufs Schloss.
Information: Bergsportzentrum Tegelberg, Tegelbergstraße 33,
87645 Schwangau, Anmeldung unter info@privatbergfuehrer.de

Mit der richtigen Ausrüstung können auch Kinder »steilgehen«.

Begleiter im Klettersteig. Das Begehen der »Eisenwege« ist in den vergangenen Jahren zum **TRENDSPORT UNTER BERGFREUNDEN** geworden. Kein Wunder, kann man doch ohne große Sicherungskenntnisse und Seilpartner den Fels emporkraxeln, den man als Wanderer nur von unten bestaunen könnte. Doch auch beim Klettersteiggehen gilt es einiges zu beachten, um sicher und effizient unterwegs zu sein. Wie das geht, können Familien zweimal pro Woche beim Schnupperkurs am Bergsportzentrum Tegelberg erlernen.

Die Bergführer erklären, wie der Gurt und das **KLETTERSTEIGSET** angelegt werden müssen, warum ein Helm Pflicht ist, worauf bei der Sicherung und Bewegung am Stahlseil geachtet werden muss und wieso man nicht zu dicht hintereinander klettern darf. Nach der Theorie geht es an den Felsen. Und da gibt es am Tegelberg allerlei Möglichkeiten. Während der Schnupperkurs sich am **KLETTERSTEIGLEHRPFAD GELBE WAND** bewegt, gibt es für versiertere Klettersteiggeher den Tegelberg-

Klettersteige sind eine ziemlich luftige, aber superspannende Angelegenheit.

steig und für echte Könner den anspruchsvollen **FINGERSTEIG**.

»Die Kinder sind meist abenteuerlustig und haben keine Angst«, erzählt Bergführer und Leiter des Bergsportzentrums, Thomas Hafenmair. »Wir haben sogar schon Vierjährige mitgenommen, die total begeistert waren. Da sind die Eltern meist ängstlicher.« Etwa drei Stunden dauert die Tour hinauf zum **TEGELBERGGIPFEL**. Wer mag, kann hier noch einkehren, alle anderen fahren mit der Gondel ins Tal zurück oder laufen. Eine Anmeldung zu den Kursen ist unbedingt erforderlich, die Nachfrage ist groß. Hafenmair wundert das nicht: »Unsere Klettersteige sind schnell von der Autobahn aus erreichbar, man hat nur einen kurzen Zustieg, ist direkt an der Wand und der Blick auf die Königsschlösser ist unbezahlbar.«

Was Sie trotz Kindern gesehen haben müssen

43 Festspielhaus Neuschwanstein

Bunte Unterhaltung am See

In schönster Lage bietet das Festspielhaus Neuschwanstein Programm von Oper über Ballett bis Musical und Messe. Auf einen schönen Abend!

Auch in seinem Inneren ist das Festspielhaus stattlich.

Eigentlich will man gar nicht ins Innere gehen. Schon die Lage und die Architektur des Festspielhauses in Füssen sind eine Show! Zu Füßen des Forggensees, in dem sich die Lichter des Hauses spiegeln und dessen seichtes Plätschern zu hören ist, in der Ferne die Ammergauer und Allgäuer Alpen und in scheinbarer Wurfweite das Prachtschloss Neuschwanstein. Was für ein Panorama! Aber es wäre zu schade, die Karten fürs Innere des Hauses verfallen zu lassen. Ob **MUSICAL, OPER ODER MESSE**, das Festspielhaus ist einen Besuch wert.

Ausgangs-/Endpunkt: Festspielhaus Neuschwanstein
Anfahrt: Von Ulm auf der A 7 bis Autobahnende Füssen, dann weiter der B 310 folgen und an der Ampel links abbiegen. Nach ca. 500 Metern rechts abbiegen und der Straße bis zum Parkplatz folgen. Das Festspielhaus ist ab der Autobahnabfahrt ausgeschildert. Von München auf der A 96 bis Ausfahrt Jengen/Kaufbeuren, dort auf die B 12 Richtung Jengen/Kaufbeuren/Kempten/Marktoberdorf und nach ca. 29 km auf die B 16 Richtung Füssen
Einkehr: Zum Festspielhaus gehören verschiedene Restaurants, Cafés und Biergärten, die meist an den Veranstaltungstagen geöffnet sind.
Information: Festspielhaus Neuschwanstein, Im See 1, 87629 Füssen, Tel. 08362/507 72 12, www.das-festspielhaus.de

Das stattliche Festspielhaus in Füssen liegt nicht am, sondern im Forggensee.

Am 25. August 1998, dem 153. Geburtstag von König Ludwig II., wurde der Grundstein für das Festspielhaus auf einem eigens im Forggensee aufgeschütteten Grundstück gelegt. Keine zwei Jahre später war die Eröffnung. Natürlich stilecht mit dem Musical Ludwig II. – Sehnsucht nach dem Paradies. Da hätte der König gestaunt!
Die **DREHBÜHNE** ist mit 28 Metern Durchmesser die **GRÖSSTE BESPIELTE DEUTSCHLANDS** und erlaubt großzügige Bühnenbilder mit Tiefenperspektiven. Überhaupt wirkt das Haus für eine kleine Stadt wie Füssen ziemlich protzig. Auf der 45 000 Quadratmeter großen Theaterinsel breitet es sich mit **160 METERN** aus, da hält nicht mal das Burgtheater in Wien mit. Und während das Burgtheater quasi mit dem gegenüberliegenden Rathaus flirtet, hat das Festspielhaus eben Neuschwanstein im Blick, den von oben bis unten reichenden Fensterfronten sei Dank.

Es klappert die Mühle am rauschenden Bach …

KLEINWALSER & TANNHEIMER TAL

Die schönsten Seen und Schwimmbäder

Badefreunde, die im Kleinwalsertal Urlaub machen, müssen jetzt stark sein: Im Tal selbst gibt es keinen Badesee. Dafür aber das **Freibad Riezlern** mit großem Schwimmbecken, Nichtschwimmerbereich und Kinderbecken. Mit einer Wasserrutsche, Sprudelliegen und Sprungtürmen. Da lässt sich ein Sommertag genießen. Und wer doch lieber in einen See hüpfen will, fährt flott ins Oberallgäu hinüber.

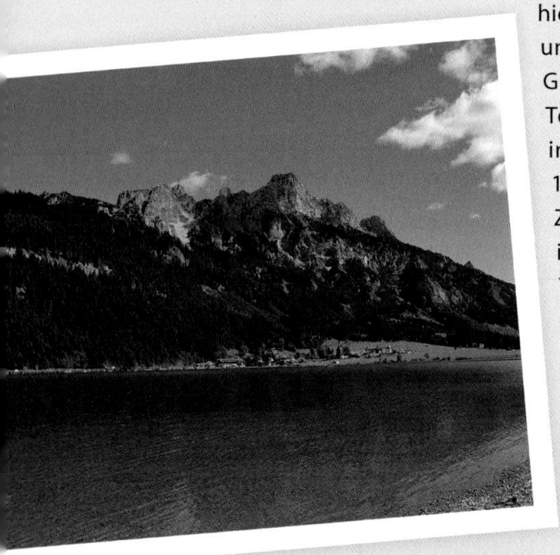

Der Haldensee bietet Badespaß vor beeindruckender Gebirgskulisse.

Im Tannheimer Tal liegen dagegen gleich zwei große Seen, die zum Baden einladen. Der erste ist der **Vilsalpsee**. Das Gute an diesem See: Die Erfrischung ist hier fast an jeder Stelle möglich und noch dazu kostenlos. Das Gewöhnungsbedürftige: Die Temperatur klettert selbst im Hochsommer selten über 17 Grad. Wer dennoch die Zähne zusammenbeißen und in einem der schönsten Seen Tirols baden möchte, kann das zum Beispiel direkt vorne am Nordufer. Dort gibt es auch zwei Restaurants, und hier befindet sich der Ruderbootverleih. Am Ostufer, an dem die Kühe weiden, liegen schöne Wiesen. Wichtig: Für Privatautos ist die Zufahrt zum See nur morgens bis 10 Uhr und am Nachmittag ab 17 Uhr gestattet. Eine nette Alternative ist die Fahrt zum See mit einer Kutsche.

Der zweite See im Tannheimer Tal ist der **Haldensee**. Wie ein wunderschöner, glänzender Spiegel, in dem sich die mächtigen Gipfel zeigen, liegt er am Ausgang des Tals. Wer hier badet, schwimmt in Trinkwasser. Etwas mehr Unterhaltung erwünscht? Die gibt es in der Wasserwelt Haldensee. Dort stehen ein Sportbecken, ein Kleinkinderbecken, Nichtschwimmerbereich mit Massagesprudel und Wasserfall und eine 50 Meter lange Wasserrutsche zur Verfügung.

Etwas kleiner ist das **Felsenbad** in Jungholz. Neben dem Schwimmbecken, das eine Wassertiefe von 0,90–1,80 Metern hat, gibt es ein kleines Kinderplantschbecken, einen Spielplatz und eine schöne Liegewiese. Am Kiosk können Besucher Getränke, Eis und kleine Snacks kaufen. Auch eine Runde Minigolf kann man im Felsenbad spielen.

Der traumhaft schöne Moorweiher Floschen ist eher etwas für Urlauber, die Ruhe suchen.

Oben: In der Wasserwelt Haldensee garantiert die lange Wasserrutsche optimalen Badespaß.

Ein hübsches Ziel für einen kleinen Ausflug ist der **Moorweiher Floschen** in Schattwald. Das Schwimmen in seinem Wasser soll bei allerlei Zipperlein helfen. Der See ist nur drei Meter tief. Hier gibt es nichts als eine Liegewiese, eine kleine Schwimminsel und eine Schaukel am Ufer. Dafür darf man die Ruhe oftmals alleine genießen.

44 Auf dem Burmi-Wanderweg

Mit dem Murmeltier durchs Kleinwalsertal

Im Kleinwalsertal, das zu Österreich gehört, aber von Deutschland aus erreichbar ist, führt das Maskottchen Burmi Familien über einen herrlichen Erlebnisweg.

Burmenta heißen **MURMELTIERE** im Walsertal. Ihr bekanntester Vertreter heißt denn auch folgerichtig **BURMI**. Das Maskottchen hält anders als seine echten Verwandten keine 16 Stunden Schlafpausen pro Tag und begegnet Besuchern ganzjährig überall im Tal. Im Sommer begleitet es kleine Entdecker auf dem **BURMI-WEG**. Der Erlebnispfad führt entlang der **BREITACH DURCH DEN ZWERWALD**, und an den neun Spielstationen können Burmi-Fans klettern, Verstecken spielen oder ihre

Ausgangs-/Endpunkt: Hirschegg/Riezlern
Anfahrt: Für die Anfahrt aus Westen über Isny, aus Norden über Kempten oder aus Osten über Oy-Mittelberg bis zur Anschlussstelle Waltenhofen. Dort auf die B 19 wechseln und über Sonthofen und Oberstdorf ins Kleinwalsertal fahren. Kostenpflichtige Parkplätze stehen am Walserhaus in Hirschegg und in Riezlern an der Kanzelwandbahn zur Verfügung. Es bietet sich auch eine Anreise mit öffentlichen Verkehrsmitteln an. Die Buslinie 1 des Walserbusses verkehrt zwischen Oberstdorf und Baad. Für die Familienwanderung am Burmi-Weg steigt man an der Haltestelle Hirschegg Walserhaus aus; der Weg kann auch andersrum gegangen werden, hierfür an der Haltestelle Riezlern Kanzelwandbahn aussteigen.
Ausrüstung: Festes Schuhwerk ist immer gut – und natürlich Outdoor-Sachen, die beim Spielen und Toben dreckig werden dürfen.
Einkehr: Direkt am Weg keine, aber in Zwerwald, also am Riezler Ende des Wegs, gibt es etwa 100 Meter weiter den Alpengasthof Scharnagl, der nachmittags auch Kaffee und Kuchen anbietet.
Information: Kleinwalsertal Tourismus, Walserstraße 264, 6992 Hirschegg, Tel. +43/5517/511 40, www.kleinwalsertal.com

Auf dem Burmi-Weg kann man Tarzan spielen und von Seil zu Seil hüpfen.

Weitwurf-Kräfte messen. Auf dem Weg lernen die Kinder nicht nur viel Spannendes über Murmeltiere, sondern auch über deren Freunde. Einige verstecken sich entlang des Weges. Es heißt also ganz genau hinsehen, wenn man den Steinbock in Lebensgröße entdecken möchte.

Der Weg startet in **HIRSCHEGG** kurz nach der Leidtobelbrücke. Von hier geht es zunächst etwa 15 Minuten über die Dürenbodenstraße und den Leidtobelweg. Der eigentliche Startpunkt des Weges ist unübersehbar: Mit einem großen Schild begrüßt Burmi die großen und kleinen Wanderer. Einige Meter weiter wartet schon die erste Spielstation. An dieser Stelle führt der Weg leicht abwärts zur **BREITACH**. Ab hier verläuft der Weg dann flach

HEY KIDS,
holt euch das Burmi-Rätsel im Tourismusbüro und gewinnt bei der Verlosung tolle Preise.

Das Maskottchen Burmi kann auch mal in echt am Wegrand sitzen.

entlang des Flusses. Etwa bei der Hälfte passiert man einen Grillplatz und die Schwefelquelle.

Der letzte Teil des Weges führt etwa zehn Minuten steil nach oben. Wer das vermeiden möchte, kann den Weg in umgekehrter Richtung gehen. Dafür geht man ab der Bushaltestelle Riezlern Kanzelwand bis zum Ferienhof Stephanie und biegt dann links in die Zwerwaldstraße ein. Nach fünf Minuten erreicht man den Eingang/Ausgang des Burmi-Wegs.

SPECIALS FÜR KIDS

In den Ferienzeiten lohnt es sich, einen Blick ins vielseitige Kinderprogramm zu werfen. Bei der Kreativen Naturwerkstatt etwa können kleine Naturentdecker mit Naturmaterialien basteln und werkeln. Oder man begibt sich mit der ganzen Familie auf Sagenwanderung. Buchungen sind möglich bis 17 Uhr am Vortag.

Klettersteigspaß im Kleinwalsertal

45

Walsersteig, Zwei-Länder-Steig und Mindelheimer Klettersteig

Drei ganz unterschiedliche, spannende Eisenwege mit unterschiedlichen Schwierigkeitsgraden warten auf kleine und große Klettermaxe im Kleinwalsertal.

Warum außenrum, wenn es doch einen direkten Weg hinauf gibt? Von der Bergstation der Kanzelwandbahn geht es für Einsteiger und Familien zum **WALSERSTEIG**, dem Erlebnissteig an der Kanzelwandbahn. Von der Bergstation folgt man dem Wegweiser Richtung Kanzelwand.

HEY KIDS,
vielleicht entdeckt ihr ein Murmeltier in dem felsigen Gelände! Sie sonnen sich gerne, fressen die guten Alpenkräuter und pfeifen laut, wenn sie ihre Familien warnen wollen.

Ausgangs-/Endpunkt: Für die ersten beiden Touren die Bergstation Kanzelwand, die mit der Bergbahn oder zu Fuß erreicht werden kann. Für den Mindelheimer Klettersteig eignet sich der Ortsteil Bödmen und hier der Gasthof Schwendle als Startpunkt.
Anfahrt: Von der Anschlussstelle Waltenhofen auf die B 19 wechseln und über Sonthofen und Oberstdorf ins Kleinwalsertal fahren. Kostenpflichtige Parkplätze stehen an der Kanzelwandbahn zur Verfügung.
Ausrüstung: Eine komplette Klettersteigausrüstung ist auf allen drei Steigen Pflicht. Dazu gehören griffige Schuhe, ein Klettergurt (für kleine Kinder zusätzlich mit Brustgurt), ein Klettersteigset und ein Helm. Anfänger oder kleine Kinder können zusätzlich mit einem kurzen Seil gesichert werden.
Einkehr: Nach dem Ausflug auf den Kanzelwandgipfel bietet das Panoramarestaurant an der Kanzelwand luftige Ausblicke und bequeme Ecken, um über das bestandene Abenteuer bei Kaffee und Kuchen zu reden.
Information: Kleinwalsertal Tourismus, Walserstraße 264, 6992 Hirschegg, Tel. +43/5517/511 40, www.kleinwalsertal.com

Nach etwa 15 Minuten ist der Einstieg zum Steig auf der linken Seite deutlich sichtbar. Mit Schwierigkeitsgrad B/C bewertet, handelt es sich beim Walsersteig um einen perfekten Anfängersteig. Es geht über Felsbrocken und Wiesengelände, aber auch über ein luftiges Drahtseil, über das besonders Kinder gerne balancieren. Die letzten Meter zum Gipfel fallen dann leicht, nach dieser Heldentat.

Für den Klettersteig braucht es die richtige Ausrüstung.

Ebenfalls zum Gipfel der Kanzelwand führt der deutlich anspruchsvollere **ZWEI-LÄNDER-KLETTERSTEIG** (Schwierigkeit C/D). Ab der Bergstation Kanzelwand ist er blau-weiß ausgeschildert. Der Einstieg zum Steig ist ab der Bahn in ca. einer Stunde erreicht. Und nun wird es knackig! Die ersten Meter sind noch recht einfach, aber dann geht es steil und ausgesetzt hinauf. Zwar vereinfachen einige Eisenbügel den Aufstieg, doch wer hier unterwegs ist, sollte sicher auch auf kleinen Tritten Halt am Felsen finden. Dann folgt ein langer, kräftezehrender Quergang, bevor der nächste Aufschwung folgt. Eine **SEILBRÜCKE** und die spektakulären Tiefblicke sind besondere Schmankerl. Zwar ist der Zwei-Länder-Klettersteig nur 550 Meter lang, doch er erfordert ausreichend Kraft. Er endet auf dem Gipfel des Warmatsgundkopfes, auch Kanzelwand genannt.

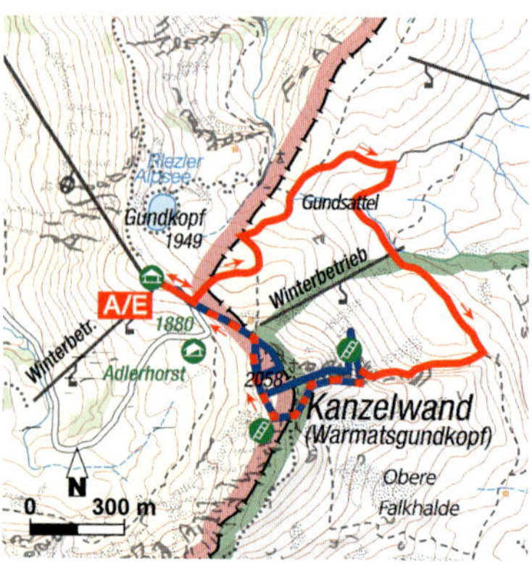

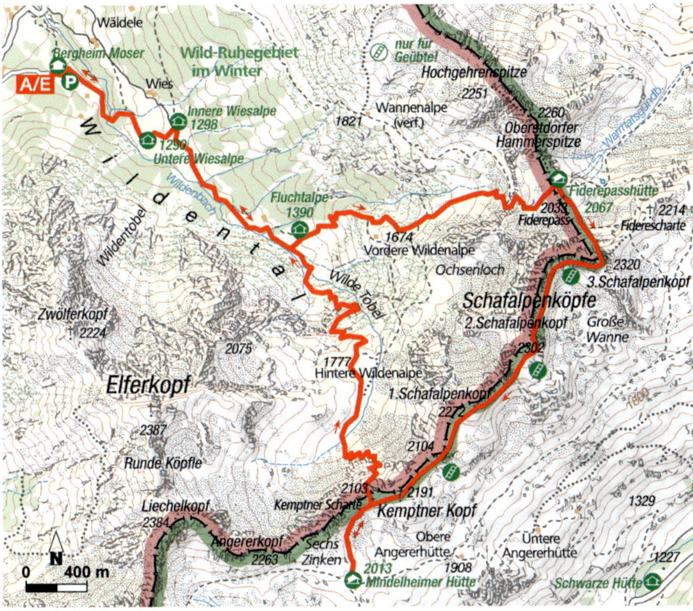

Wer einen ganzen Tag Zeit hat, früh aufsteht und konditionell fit ist, für den ist der **MINDELHEIMER KLETTERSTEIG** ein echtes Sahnestückchen. Der Steig mit Schwierigkeitsgrad C ist einer der beliebtesten Eisenwege in den Nordalpen. Er führt ziemlich genau an der deutsch-österreichischen Grenze über den wild zerklüfteten Gipfelgrat der drei **SCHAFALPENKÖPFE**. Der Steig wird von beiden Seiten begangen, was dazu führt, dass man vor allem an Wochenenden mit reichlich Gegenverkehr rechnen muss. Eine gute Technik und sicheres Überholen/Kreuzen sind hier Pflichtvoraussetzung. Außerdem brauchen Anwärter auf den Mindelheimer Klettersteig eine gute Kondition. Der Steig selbst nimmt fast vier Stunden in Anspruch. Hinzu kommen vom Mittelberger Ortsteil Bödmen durch das Wildental und vorbei an der **FIDEREPASSHÜTTE** etwa drei Stunden Zustieg und später zwei Stunden Abstieg. Somit braucht ordentlich Puste und Kraft, wer hier erfolgreich sein will.

Der Steig durch den rauen Hauptdolomit belohnt aber die Anstrengungen mit abwechslungsreichen Ausblicken.

46 Besuch in Riezlern

Arschbomben im Freibad und Eisbomben im Dorf

In diesem Ort im Kleinwalsertal gibt es nicht nur ein Casino, in dem man sein Glück herausfordern kann, sondern auch ein hübsches Freibad und eine unverschämt gute Eisdiele.

> **WALSER-MUSEUM**
> Nicht nur an Schlechtwettertagen lohnt sich ein Besuch im Walser-Museum im Verkehrsamt. Hier dreht sich alles um Leben und Arbeit im Kleinwalsertal, Tier- und Pflanzenwelt, Sitte und Brauch, religiöse Volkskunde, Trachten, Alpwirtschaft und Wohnkultur. Das Museum ist Mo bis Do 14–17 Uhr, Fr 9–12 Uhr, Sa und So 10–17 Uhr geöffnet. Erwachsene zahlen 2 € Eintritt, Kinder bis 14 Jahre 0,50 €.

Nur vier Kilometer hinter der Grenze liegt Riezlern. Einst von den Walsern aus dem Wallis als »Zu den Rützlern« gegründet, ist aus der Häuseransammlung die größte Gemeinde des Tales geworden. Das Casino ist die kleinste Spielbank Österreichs, dafür gibt es unzählige Banken, in denen man theoretisch sein gewonnenes Vermögen anlegen könnte. Vor allem aber ist Riezlern Ausgangspunkt für viele Wandertouren. Und es hat ein wirklich schönes Freibad. Hier können die kleinen Nachwuchsschwimmer im Rutschcontest gegen Papa antreten, im Kinderbecken plantschen oder erste Züge im Nichtschwimmerbereich wagen. Wer schon sicher im Nass ist, wagt vom Turm akrobatische Sprünge oder zieht im 50-Meter-Becken seine Bahnen. Dann

Ausgangs-/Endpunkt: Riezlern
Anfahrt: Das Schwimmbad liegt im Ortskern von Riezlern. Gebührenpflichtige Parkplätze gibt's direkt am Freibad.
Öffnungszeiten: Je nach Witterung bis etwa Anfang September, 9–18 Uhr
Preise: Erwachsene 7,50 €, Kinder 3 € (Ermäßigungen mit Gästekarten)
Information: Kleinwalsertal Tourismus, Walserstraße 264, 6992 Hirschegg, Tel. +43/5517/511 40, www.kleinwalsertal.com

treffen sich alle auf der großen Liegewiese wieder, bestaunen die Walser Bergprominenz wie Hoher Ifen und Großer Widderstein und dösen entspannt in der Sonne.

Im schönen Freibad in Riezlern kann man sich nach Herzenslust austoben.

Vom Freibad aus ist es nur ein kurzer Spaziergang zur Eisdiele Pavillon. Bei einem prächtig dekorierten Eisbecher kann man hier dem Treiben im Ort zusehen oder mit der Waffel in der Hand Richtung Kirche spazieren.

HEY KIDS,
wusstet ihr, dass Riezlern nicht nur eine österreichische, sondern auch eine deutsche Postleitzahl hat?

Von Riezlern aus starten viele Familienwanderwege.

Wanderung zur Naturbrücke und zu den Kessellöchern 47

Eine familienfreundliche kurze Tour

Gleich zwei kleine Natur-Highlights hält diese Wanderung bereit: die Naturbrücke und die Kessellöcher. Die Wanderung entlang des Schwarzbachs ist ideal für heiße Sommertage. Der Wald spendet Schatten, der Bach bietet Abkühlungsmöglichkeiten.

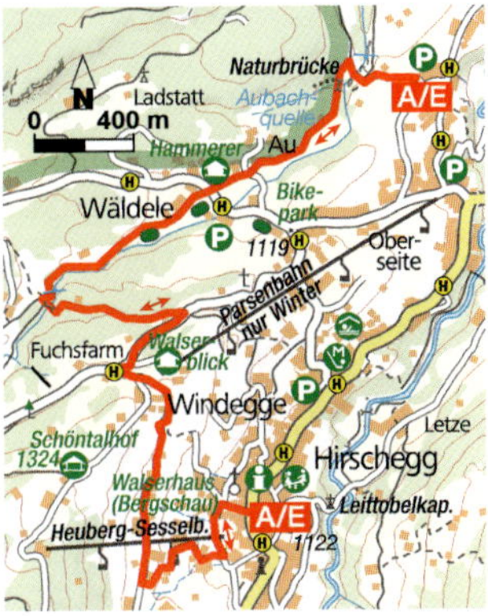

Von der Haltestelle Erlebach in Riezlern folgt man dem Wegweiser nach links aufwärts in Richtung Naturbrücke/Schwarzwasserbachweg und biegt oben rechts in den Schotterweg ein. Von hier aus geht es zum **NATURKNEIPP-BEREICH KESSELSCHWAND**. Beim nächsten Wegweiser biegt man links in den kleinen Wurzelweg zur **NATURBRÜCKE** ein. Diese Brücke erreicht man über eine steile Leiter (bei Höhenangst nimmt man am besten die Stufen von der anderen Seite). Das grüne Moos und das türkise Wasser verleihen dem Ort einen

Ausgangs-/Endpunkt: Riezlern/Hirschegg
Anfahrt: Für diese Wanderung ist die Anfahrt mit dem Walserbus zu empfehlen. Ab Riezlern fährt die Buslinie 2 den Ortsteil Egg an. Für diese Tour steigt man an der Haltestelle Egg aus. Für den Rückweg nimmt man die Buslinie 1 ab Walserhaus.
Ausrüstung: Wanderausrüstung und Badesachen
Gehzeit: 1,5–2 Std.
Weglänge: 5 km
Einkehr: Berggasthof Hammerer im Ortsteil Au nach der Naturbrücke, Öffnungszeiten 8–22 Uhr, Dienstag Ruhetag. Cafè Walserblick an der Bergstation des Parsenn-Liftes, Rohrweg, Öffnungszeiten 10–18 Uhr, Mittwoch Ruhetag
Information: Kleinwalsertal Tourismus, Walserstraße 264, 6992 Hirschegg, Tel. +43/5517/511 40, www.kleinwalsertal.com

AUF DEM RÜCKEN DER PFERDE

Keine Lust mehr zu wandern? Wer lieber mal getragen werden möchte, kann mit Jeanette Feuerstein Ausritte in die traumhafte Landschaft des Tals unternehmen. Die Touren dauern ein bis zwei Stunden und sind ein individuell gestalteter Streifzug durch die Natur. Auch Anfänger sind willkommen. Feuersteins Bergbauernhof, Höfle 2, 6993 Mittelberg-Höfle, Tel. +43 650/822 49 15

Das herrliche tiefblaue Gebirgswasser ist zum Baden leider viel zu kalt.

fast mystischen Charme. Nach der Querung der Brücke geht es über die Treppe und dann direkt danach links in den kleinen Pfad, der auf einen breiteren Schotterweg führt. Dieser zieht kurz steil an, führt dann aber moderat ansteigend zum Ortsteil Au im Wäldele. Bald wird der Blick frei auf die imposante Berggestalt des Hohen Ifen und in das **SCHWARZWASSERTAL**. Während unter einem der Schwarzwasserbach rauscht, wandert man auf einem schmalen Weg etwa 15 Minuten recht steil bergauf vorbei an einem schönen Wasserfall. Die Wäldelestraße wird überquert, und dann geht es weiter geradeaus vorbei am Fußballplatz und dem Bike Park. Nach etwa 15 Minuten erreichen die Wanderer eine Gabelung. Hier geht es dem Bachlauf folgend weiter zu den **KESSELLÖCHERN**. Oben von der kleinen Aussichtsbrücke hat man einen guten Blick auf die Kessellöcher, entstanden durch jahrtausendelanges Schleifen der Wassermassen. Im Sommer kann man sich hier beim Canyoning abseilen. Nach zwei Minuten gelangt man an die Straße. Nun entweder rechts den Bus bei der Schröflesäge nehmen oder nach links abbiegen und entlang der Straße zur Fuchsfarm wandern. Hier geht es rechts und über den Parkplatz der Parsennbahn. Nun geht man auf einem breiteren Schotterweg und folgt dem Rohrweg bis zum Haus Bergfelder. Links abbiegen und nach Hirschegg absteigen, wo die Tour endet.

Die Kessellöcher sind ein wildromantisches Naturphänomen.

48 Burmiwasser auf der Kanzelwand

Berauschende Ausblicke und nasser Plantsch-Spaß

Trockene Teile nach einem Tag am Burmiwasser-Weg: null. Glückliche Gesichter: vier. Davon zwei tropfende, fröhlich plappernde Kinder und zwei zufriedene Eltern, die sich über diesen spritzigen Ausflug freuen.

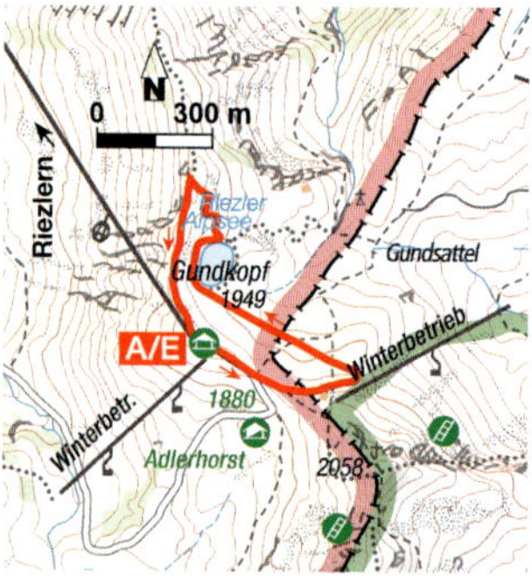

Er ist ein Erlebnispfad für kleine Wassermänner und -frauen. Er ist nur 700 Meter lang, steckt aber voller Überraschungen. Der Burmiwasser-Weg ist ein Pfad, der zeigt, wie wenig es eigentlich braucht, um Kinderherzen höherschlagen zu lassen. Eben nicht ein vollgestopftes Zimmer mit unzähligen Spielzeugen oder eine Rundum-Bespaßung durch besorgte Eltern.

Ausgangs-/Endpunkt: Bergstation Kanzelwandbahn
Anfahrt: Auf der B 19 über Sonthofen und Oberstdorf ins Kleinwalsertal fahren. Die Kanzelwandbahn liegt auf der linken Seite, kostenpflichtige Parkplätze stehen zur Verfügung.
Öffnungszeiten: Betriebszeiten der Kanzelwandbahn von Mai bis November, täglich 8.30–16.45 Uhr
Preise: Berg- und Talfahrt für Erwachsene 29,50 €, Kinder 11 €, Jugendliche 22,50 €. Es gibt allerdings oftmals Familienaktionen, bei denen Kinder in Begleitung eines Elternteils zum Nulltarif fahren.
Ausrüstung: Alles, was nass werden darf
Einkehr: Für Strudelfans und Liebhaber der österreichischen Mehlspeisenküche empfiehlt sich die Einkehr im Panoramarestaurant an der Bergstation auf 1957 m Höhe. Dort können sich die Kleinen noch auf dem Kinderspielplatz austoben, während die Großen es sich auf der windgeschützten Sonnenterrasse gemütlich machen.
Information: Kleinwalsertal Tourismus, Walserstraße 264, 6992 Hirschegg, Tel. +43/5517/511 40, www.ok-bergbahnen.com

Mit der ganzen Familie unterwegs an der Kanzelwand

Holz, Stein, Wasser – das reicht vollkommen aus. Von der **BERGSTATION DER KANZELWAND** führt der Burmiwasser-Weg zum beliebten **RIEZLER ALPSEE**. Am Wegesrand dreht sich einfach alles ums kühle Nass. An verschiedenen Stationen mit Gumpen, Wasserrädern und Schleusen können Kinder von früh bis spät mit Wasser experimentieren. Wie schnell doch die Zeit vergeht. Da tröpfelt, spritzt und staut es sich, da kann man plantschen und pritscheln. Und – na klar – auch die Eltern ordentlich nass machen. Aber an schönen Sommertagen trocknet selbst die komplett durchweichte Hose schnell. Auf jeden Fall schneller, als das Grinsen der Kinder wieder von ihren Gesichtern verschwindet. Der Weg ist auch kinderwagentauglich.

KINDERBETREUUNG IM KLEINWALSERTAL

Wenn die Eltern eine kurze Pause brauchen, verschafft z. B. Zwärg Bartlis Zauberreich auf dem Kleinwalsertaler Rosenhof Mama und Papa Freiraum und den Kleinen einen großartigen Tag auf dem Abenteuerspielplatz. Für Kinder ab 3 Jahren, Tel. +43/5517/5194, www.rosenhof.com.

Jetzt heißt es nur noch: Wasser marsch!

Kletterwald Tannheimer Tal 49

Mutproben in den Baumwipfeln

In Nesselwängle befindet sich in den Baumwipfeln eine Welt aus Brettern, Seilen, Stämmen. Über und durch die balancieren Besucher des Hochseilgartens – der beste Ort, um auch mal mutig zu sein.

In den Baumwipfeln üben die Kletterer der Zukunft.

Der Hochseilgarten wurde 2012 eröffnet und bietet acht Parcours, die sich von ganz leicht bis knackig schwer steigern. Hier können Einsteiger zum ersten Mal in die Wipfel gehen und Fortgeschrittene den nächsten ADRENALIN-KICK suchen. Das Gute: Das Auf-

Ausgangs-/Endpunkt: Kletterwald Tannheimer Tal, Nesselwängle 145
Anfahrt: In Nesselwängle einfach der Ausschilderung zum Skigebiet und dann zum Kletterwald folgen
Öffnungszeiten: 10–18 Uhr, genaue Öffnungszeiten siehe Homepage
Preise: Erwachsene zahlen 21,50 €, Kinder 6 bis 13 Jahre 17,50 € für drei Stunden Hochseilgarten-Vergnügen plus Einweisung.
Ausrüstung: Mitgebracht werden müssen nur robuste und bequeme Kleidung. Für empfindliche Hände ggf. noch Fahrradhandschuhe. Der Rest der Ausrüstung (Helm, Gurte, Sicherungsset) wird gestellt.
Einkehr: Unweit des Klettergartens befindet sich der Landgasthof Schuster, der gute regionale Küche bietet.
Information: Kletterwald Tannheimer Tal, Tel. 08323/968 00 50, www.kletterwald-tannheimertal.at

sichtspersonal ist immer in der Nähe. Wenn die Aufgabe also doch zu groß war, gibt es immer einen Weg nach unten.
Doch zunächst erfolgt eine Einweisung in die Gurte und Sicherungstechnik. Gesichert werden die kleinen und großen Besucher mit einem Klettergurt und einem speziellen Sicherungssystem, das ein versehentliches

Nach der Einweisung wissen alle, wie es richtig geht.

Lösen der Karabiner unmöglich macht. Das gibt vor allem Kindern Sicherheit, die ab 6 Jahren und einer Größe von 120 Zentimetern willkommen sind. Die Einführung dauert etwa eine halbe Stunde. Erst dann haben Besucher drei Stunden Zeit, einen der **ACHT PARCOURS** in Eigenverantwortung zu erklimmen.
Die lautesten Schreie im Kletterwald gibt es ohne Frage an den beiden Flying-Fox-Stationen. Hier geht es rasant und in gebührendem Abstand sicher über den Boden. So gut fühlt sich Mut an!

Gut gesichert geht's von Plattform zu Plattform.

50 Der Schmugglersteig vom Wannenjoch zum Iseler

Grenzüberschreitender Wanderspaß

Schmuggler oder Grenzwärter? Schon an der Talstation dürfen Besucher sich entscheiden, in welche Rolle sie auf dem Pfad schlüpfen wollen. Spannend sind beide – eine Wanderung mit Geschichte.

Vom WANNENJOCH im Tannheimer Tal zum ISELER BEI OBERJOCH führt der Schmugglersteig. Wegen seiner Grenznähe und -überschreitung war er jahrhundertelang beliebt bei Schmugglern. Vor allem Salz war damals ein begehrter Rohstoff. Nicht nur als Gewürz, auch als Konservierungsmittel war das weiße Gold gefragt. Aber auch Eier, Speck, Kälber und Kaffee versuchten die Schmuggler im Schutz der Nacht von Tirol nach Bayern zu schaffen. Auf ihre Spuren führt diese Themenwanderung.

An der Talstation der Wannenkopfbahn werden Besucher von einem sogenannten SCHWÄRZER in Empfang genommen. So hießen einst die Schmuggler wegen ihrer dunklen Tarnung. In welche Rolle wollen Sie

Ausgangs-/Endpunkt: Talstation Wannenjochbahn in Schattwald / Bergstation Iselerbahn in Oberjoch
Anfahrt: Auf der Autobahn A 7 bis zur Ausfahrt Oy-Mittelberg, dann weiter auf der B 310 Richtung Wertach und nach Oberjoch. Dort der Ausschilderung Richtung Tannheimer Tal auf der B 199 folgen, Ausfahrt Schattwald, Richtung Wannenjoch-Bergbahn
Gehzeit: Ca. 2 Std., mit Spielzeit ca. 4 Std.
Weglänge: 4,3 km
Öffnungszeiten: Die Iselerbahn ist von 9–16.15 Uhr geöffnet, die Wannenjochbahn von 8.45–16 Uhr.
Einkehr: Falls Sie beim Schmuggeln hungrig werden, können Sie sich im Jochstadl direkt bei der Bergstation der Wannenjochbahn oder in der Grenzwiesalpe, die direkt am Steig liegt, stärken.
Information: TVB Tannheimer Tal, Vilsalpseestraße 1, 6675 Tannheim, Tel. +43/5675/622 00, www.tannheimertal.at

schlüpfen? Schmuggler oder Grenzwärter? An der Bergstation angekommen, erhalten Sie alle Utensilien, die benötigt werden. Sie müssen ihre Aufgabe ernst nehmen – der Schmuggler soll möglichst viel Gut von Tirol nach Bayern schaffen, der Grenzwärter natürlich möglichst viele Schmuggler auffliegen lassen. Eine spannende Wanderung beginnt! An den Stationen können sich Jung und Alt jagen, messen, klettern, plantschen, verstecken und die Natur begreifen.

SALEWA-KLETTERSTEIG AM ISELER

Wer am Iseler Lust auf etwas Abenteuer hat, kann mit entsprechender Klettersteigausrüstung und Erfahrung in den Salewa-Klettersteig einsteigen. Der Steig mit Schwierigkeiten im Bereich B/C dauert insgesamt allerdings fünf Stunden. Es ist aber auch möglich, einzelne Abschnitte zu begehen. Der Zustieg erfolgt ab der Bergstation der Iselerbahn. Er ist für Jugendliche ab 12 Jahren empfohlen. Trittsicherheit, Kraft und Ausdauer sind ein Muss.

Wer die Aufgabe erfüllt hat, erhält den begehrten **SCHMUGGLERPASS**. Den gibt's übrigens auch für Grenzwärter. Insofern hat der Weg auch eine friedliche, verbindende Kom-

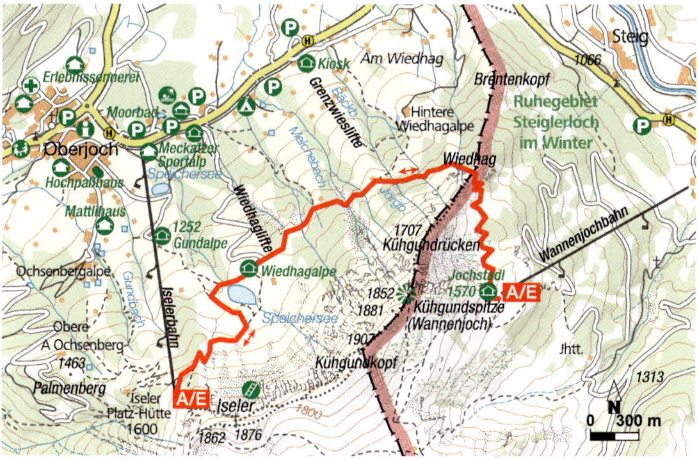

ponente. Der Schmugglerpfad kann in beide Richtungen begangen, also an der Wannenjochbahn in Schattwald oder an der Talstation Iselerbahn in Oberjoch gestartet werden. Der Wanderbus zwischen Oberjoch und Schattwald verkehrt im Stundentakt.

Infotafeln erzählen vom Leben der Schmuggler.

Erlebnisweg Neunerköpfle 51

Tour zum größten Gipfelbuch der Welt

Drei Meter hoch und aufgeschlagen rund 4,6 Meter breit ist das größte Gipfelbuch der Welt, das unweit des Neunerköpfle ausliegt. Ein spannender Erlebnisweg führt Familien dorthin.

Südöstlich von Tannheim liegt das NEUNERKÖPFLE. 1898 hieß es noch in einer Zeitschrift des Alpenvereins, dass der Gipfel Neunuhrköpfle heißen müsse, da vom Tannheimer Ortsteil Höfle aus gesehen die Sonne um neun Uhr über dem Gipfel steht. Daraus wurde dann das Neunerköpfle. Und aus dem Berg wurde 2005 der Träger des größten Gipfelbuches der Welt. Im Rahmen des 9erlebniswegs liegt es hier oben. Der nur einen Ki-

Das größte Gipfelbuch der Welt kann nicht nur von Riesen besichtigt werden.

Ausgangs-/Endpunkt: Bergstation Neunerköpfle. Wer sich die Fahrt mit der Bahn sparen möchte, kann in etwa 2,5 Stunden von Tannheim über Schmieden und die Usseralpe zum Neunerköpfle hinauflaufen.
Anfahrt: Direkt an der B 199 von Oberjoch ins Tannheimer Tal gelegen, Bergbahnweg 12 in Tannheim
Öffnungszeiten: Die Bahnen fahren täglich von 8.45–16 Uhr.
Preise: Erwachsene zahlen für die Berg- und Talfahrt 21 €, Jugendliche 18 €, Kinder 12 €. Es gibt Ermäßigungen mit der Gästekarte.
Ausrüstung: Wanderausrüstung, Sonnen- und Regenschutz
Einkehr: Gasthaus Beim Öfner in Innergschwendt/Tannheim
Information: TVB Tannheimer Tal, Vilsalpseestraße 1, 6675 Tannheim, Tel. +43/5675/622 00, www.tannheimertal.com

DINNER FOR TWO

Lust auf ein romantisches Dinner ohne Kinder? Einer der schönsten Einkehrorte ist das Gasthaus Morent in Zöblen. Bei Timi und Ralf Morent gibt es in der urigen Stube bestes Slow-Food mit Zutaten aus der Region. Ausgezeichnet mit einer Haube beim Gault Millau, gekocht und serviert mit Leidenschaft und Liebe, vergeht ein Abend hier wie im Flug. Unbedingt reservieren! Tel. +43/5675/200 33, www.morent.at

lometer lange Weg beginnt direkt an der Bergstation der **NEUNERKÖPFLEBAHN**. In elf informativen Stationen bringt er Familien nach dem Motto »Wandern, schauen, staunen« die Bergwelt der Allgäuer Alpen, die Flora und die Fauna näher. Eine der schönsten Stationen ist die **KUHSCHELLEN-TONLEITER**, an der man die Töne gen Tal schicken kann. Höhepunkt ist dann ohne Frage das im-

Jede Schelle hat einen ganz eigenen Ton.

Herz im Herz – für welches Herzerl ist das wohl?

posante Gipfelbuch. An dieser Station erfahren Besucher nicht nur Wissenswertes über die Entstehung von Gipfelbüchern in den Alpen, sie lesen auch allerlei lustige Sprüche und können sich davon inspirieren lassen für den eigenen Eintrag in das riesige Buch. Schon darin zu blättern macht jede Menge Spaß. Vom Gipfel selbst hat man einen fantastischen Ausblick auf die Allgäuer Berge.

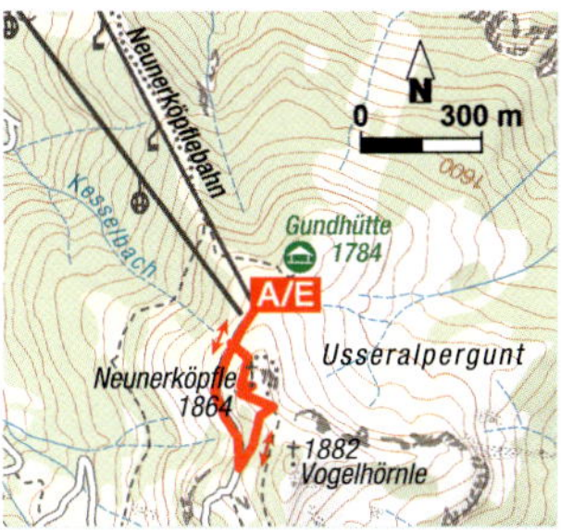

Was Sie trotz Kindern gesehen haben müssen

52 Herz-Jesu-Feuer

Wenn die Berge brennen

Einst als Protest gegen napoleonische Truppen gedacht, sind die Herz-Jesu-Feuer, die um den 21. Juni stattfinden, ein beeindruckendes Schauspiel für Gäste und Einheimische geworden.

Still senkt sich die Nacht über das Tannheimer Tal hinab. Die Dämmerung zieht ein, Mensch und Tier kommen zur Ruhe. Jedoch nicht an einem Wochenende im Juni. Dann nämlich wird es trubelig am Berg, wenn all die fleißigen Helfer HUNDERTE SÄGEMEHLSÄCKCHEN auf den Bergrücken entzünden, die berühmten HERZ-JESU-FEUER. In die schwarze Nacht leuchten dann brennende Herzen, Kreuze oder Tauben vom Berg ins Tal. Schon Tage vorher wurden die Säckchen in genauer Anordnung am Berg platziert. Abstand, Winkel, Anzahl: Alles muss passen, damit das Bild vom Tal aus perfekt ist. Zeitgleich werden dann all die betenden Hände und Herzen bei Einbruch der Dämmerung angezündet und leuchten etwa zwei Stunden lang.

Religiöse Motive leuchten nachts von den Bergen.

Ausgangs-/Endpunkt: Je nach Standort in Nesselwängle, Haldensee, Jungholz, Schattwald, Zöblen, Tannheim oder Grän
Anfahrt: Auf der A 7 bis zur Ausfahrt Oy-Mittelberg und weiter auf der B 310 Richtung Wertach/Oberjoch. In Oberjoch geht es links ins Tannheimer Tal.
Termin: Die Herz-Jesu-Feuer finden immer im Juni rund um die Sonnenwende statt.
Information: TVB Tannheimer Tal, Vilsalpseestraße 1, 6675 Tannheim, Tel. +43/5675/622 00, www.tannheimertal.at

Es wirkt, als würden die Berge leuchten.

Was heute im Tal als touristisches Spektakel gefeiert wird, was staunende »Ahhhhhs« und »Ohhhhhs« hervorruft, war ursprünglich ein Zeichen des Widerstandes. 1796 bedrohten französische Truppen unter Napoleon I. das Land Tirol. Die Landstände erbaten sich göttlichen Beistand des Heiligsten Herzen Jesu. Als Zeichen des Zusammenhalts aller Tiroler und für den gemeinsamen Kampfbeginn wurden damals die **RELIGIÖSEN MOTIVE AUF DEN BERGRÜCKEN** entzündet. Die Bewohner schworen, von nun an jährlich das Herz-Jesu-Feuer zu feiern. Ein Versprechen, das heute entzückte Touristen mit glänzenden Augen und Gänsehaut zurücklässt.

FUNKENFEUER IM ALLGÄU

Wer nicht zur Sonnenwende, sondern zur Faschingszeit im Allgäu unterwegs ist, der hat vielerorts die Chance, einem Funkenfeuer beizuwohnen. Am Funkensonntag, dem ersten Sonntag nach Aschermittwoch, werden die Feuer im schwäbisch-alemannischen Raum errichtet. Dabei wird ein Strohhaufen oder Holzturm abgebrannt.

*Hinschauen lohnt sich!
Auf den Bergwiesen gibt's
viel zu entdecken.*

Register

Impressum

Verantwortlich: Sabine Klingan
Redaktion: Anette Späth
Layout und Piktogramme: Eva-Maria Klaffenböck
Umschlaggestaltung: Alexander Knoll
Repro: Cromika
Kartografie: Bruckmann Verlag, Heidi Schmalfuß
Herstellung: Stephanie Schlemmer
Printed in Slovenia by Florjancic

Sind Sie mit diesem Titel zufrieden? Dann würden wir uns über ihre Weiterempfehlung freuen.
Erzählen Sie es im Freundeskreis, berichten Sie Ihrem Buchhändler, oder bewerten Sie beim Onlinekauf. Und wenn Sie Kritik, Korrekturen, Aktualisierungen haben, freuen wir uns über Ihre Nachricht an [Verlag hier], Postfach 40 02 09, D-08702 München oder per E-Mail an lektorat@verlagshaus.de

Unser komplettes Programm finden Sie unter www.j-berg-verlag.de

In diesem Buch wird aus Gründen der besseren Lesbarkeit das generische Maskulinum verwendet. Weibliche und anderweitige Geschlechteridentitäten werden dabei ausdrücklich mitgemeint, soweit es für die Aussage erforderlich ist.

Empfehlung der Redaktion
Sie sind auf der Suche nach weiterführender Literatur? Dann empfehlen wir Ihnen den Titel »Wanderungen mit Kinderwagen im Allgäu« von Rosemarie Stöffel. Oder Sie werfen einen Blick in die Zeitschrift BERGSTEIGER. Hier werden Sie bestimmt fündig.

Bildnachweis: Alle Bilder im Innenteil und auf der Umschlagrückseite stammen von der Autorin mit folgenden Ausnahmen: S. 1, 25, 26, 46, 47, 48: Isny Marketing GmbH/Ernst Fesseler; S. 2: Kleinwalsertal Tourismus/Stephan Rapke; S. 7, 10, 37, 38, 39: Schwäbisches Bauerhofmuseum Illerbeuren/Tanja Kutter; S. 8/9, 43, 44, 45, 77, 78, 79: Thomas Gretler; S. 11: Gemeinde Eisenberg; S. 12: Füssen Tourismus und Marketing/Tony Ho; S. 13o.: Shutterstock/ Tadeas Skuhra; S. 14o. Pfronten Tourismus/E. Reiter; S. 14u.: Sabrina Schindzielorz; S. 17, 88: Tourismus Oberstdorf/ Michael Monschau; S. 18/19, 41, 42: Skywalk Allgäu/Thomas Gretler; S. 20: Touristikamt Ottobeuren; S. 21, 49: Isny Marketing GmbH/Thomas Gretler; S. 22, 23, 24: Oberstaufen Tourismus; S. 29: Ralph Seitz; S. 30: Daniel Stauch; S. 31, 33: Allgäu GmbH; S. 34: Paddy Smith; S. 35, 36: Naturschutzzentrum Wurzacher Ried; S. 50: Isny Marketing GmbH; S. 54, 87: Tourismus Oberstdorf; S. 55o. Tourist-Info Wertach; S. 55u., 75: Alpsee-Grünten-Tourismus/Daniel Mock; S. 57, 58: Sonja Karnath, S. 59, 60, 61: Gabriele Fischer; S. 62: Imbergbahn; S. 63, 64: www.allgaeubilder.info; S. 65, 66, 67: Georg Gründl; S. 68, 69: www.martinerd.com; S. 71, 72, 73: Bergbauernmuseum Diepolz/Ralf Lienert; S. 76: Stadt Immenstadt; S. 83: Kur- und Verkehrsbetriebe AG; S. 85: DAS HÖCHSTE – Bergbahnen Oberstdorf/Kleinwalsertal/Jennifer Tautz; S. 90, 91: Breitachklammverein eG; S. 95, 96, 97: Tourismus Hörnerdörfer; S. 98, 99, 100: Inselsee Allgäu – Wasserski & Wakeboardpark; S. 102, 103: MAP-erlebnis.de; S. 105, 106: Thomas Heckelmiller; 107, 108, 109, 111, 112:Bad Hindelang Tourismus/Wolfgang B. Kleiner, S. 113, 114, 115: CamboMare; S. 118, 119: Stadt Kempten (Allgäu); S. 121, 122, 123: Allgäulino; S. 124, 125, 126, 127: Carsten Hell; S. 131o.: Füssen Tourismus und Marketing; S. 131 u.: Nesselwang Marketing GmbH; S. 132: Stefan Schmid; S. 133: Fotolia.com/bricehegre; S. 134: Sabrain Schind-Zielorz; S. 135, 136: Pfronten Tourismus/E. Reiter; 137: Pfronten Tourismus: Allgäuer Schmetterling-Erlebniswelt; S. 139, 140: Gemeinde Eisenberg; S. 144: Alpspitzbahn; S. 149: Bayerische Schlösser- und Seenverwaltung; www.schloesser.bayern.de; S. 151: Reinhold Zapf, Neustadt/WN; S. 152: Füssen Tourismus und Marketing/www.guenterstandl.de; S. 153, 154: Thomas Hafermail; S. 155; Bergsportzentrum Tegelberg; S. 156, 157: Musiktheater Füssen Besitz GmbH&Co.KG; S. 158/159: DAS HÖCHSTE – Bergbahnen Oberstdorf/Kleinwalsertal; S. 160/161: TVB Tannheimer Tal; S. 163: Kleinwalsertal Tourismus eGen/www. Kleinwalsertal.com/Stepfan Repke; S. 164: Kleinwalsertal Tourismus eGen/Marcel Born; S. 167: Bergschule Kleinwalsertal; S. 169, 170: Kleinwalsertal Tourismus/Frank Drecksel; S. 172: Kleinwalsertal Tourismus eGen/André Tappe; S. 173: Kleinwalsertal Tourismus eGen/Oliver Farys; S. 175, 176: DAS HÖCHSTE – Bergbahnen Oberstdorf/Kleinwalsertal/Michael Mayer; S. 177, 178, 179, 182, 183, 184, 185: TVB Tannheimer Tal; S. 186, 187: Tannheimer Tal; S. 188/189: Kleinwalsertal Tourismus eGen/Oliver Farys
Umschlagvorderseite: oben: Wanderkind im Allgäu, Pfronten Tourismus/E. Reiter; unten von links nach rechts: picture alliance/blickwinkel/ F. Hecker; picture alliance/Arco images; picture alliance/blickwinkel/W. G. Allgoewer
Umschlagrückseite: Rafting auf der Iller (MAP-erlebnis.de)

Die Deutsche Nationalbibliothek verzeichnet diese Publikation in der Deutschen Nationalbibliografie; detaillierte bibliografische Daten sind im Internet über http://dnb.d-nb.de abrufbar.

Überarbeitete und aktualisierte Neuauflage des 2016 im Bruckmann Verlag erschienenen Titels »Ab in die Ferien Allgäu. Urlaubsspaß für die ganze Familie«.

Infanteriestraße 11a
80797 München

ISBN: 978-3-86246-778-5